Privacidade Ágil

João Ricardo B. Mendes
Agliberto Cierco
Priscila Santana

Privacidade Ágil

Implantação da LGPD de forma ágil

BRASPORT

Rio de Janeiro
2022

Editor: Sergio Martins de Oliveira
Gerente de Produção Editorial: Marina dos Anjos Martins de Oliveira
Editoração Eletrônica: Abreu's System
Capa: Trama Criações

DADOS INTERNACIONAIS DE CATALOGAÇÃO NA PUBLICAÇÃO (CIP)

M538p Mendes, João Ricardo B.
Privacidade Ágil : implantação da LGPD de forma ágil / João Ricardo B. Mendes, Agliberto Cierco, Priscila Santana. – Rio de Janeiro: Brasport, 2022.
144 p. : il. ; 17 x 24 cm.

Inclui bibliografia.
ISBN 978-65-88431-47-4

1. Proteção de dados. 2. Segurança de dados. 3. Bases legais. I. Cierco, Agliberto. II. Santana, Priscila. III. Título.

CDU 004.7.056

Bibliotecária responsável: Bruna Heller – CRB 10/2348

Índice para catálogo sistemático:
11. Segurança de redes 004.7.056

BRASPORT Livros e Multimídia Ltda.
Rua Washington Luís, 9, sobreloja – Centro
20230-900 Rio de Janeiro-RJ
Tels. Fax: (21)2568.1415/3497.2162
e-mails: marketing@brasport.com.br
vendas@brasport.com.br
editorial@brasport.com.br
www.brasport.com.br

Sobre os autores

João Ricardo Barroca Mendes
Autor de vários livros e professor convidado do MBA em Gerenciamento de Projetos da Fundação Getúlio Vargas. Experiência de 20 anos em consultoria estratégica, gestão de projetos e gestão de processos. É o criador do *framework* Privacidade Ágil.

Agliberto Alves Cierco
Doutor, D.Sc, em Engenharia; PhD em Gestão Geral e Estratégia pelo ISCTE-IUL, Mestre, M.Sc., em Engenharia de Produção pela COPPE-UFRJ. Certificado como *Scrum Master* pela *Scrum Alliance*. Certificado como PMP, *Project Management Professional*, pelo PMI. Professor convidado e coordenador acadêmico executivo no programa FGV Management, FGV-IDE, desde 1997.

Priscila Santana
Consultora de *Compliance* com ênfase em Privacidade de Dados, é especialista em direito digital, com mais de oito anos de experiência na área jurídica. Também atua como professora de graduação e em cursos livres sobre Privacidade de Dados. Além de escrever artigos, Priscila foi coautora do livro "Estudos essenciais de direito digital" e já participou de diversas entrevistas em rádio e televisão sobre Privacidade de Dados.

Prefácio

"O Grande Irmão está te observando"[1], diziam os cartazes espalhados pelas ruas de Oceania, uma ditadura fictícia apresentada por George Orwell em seu clássico "1984". Diz-se que o grande mérito da literatura de ficção científica não é prever o futuro, mas sim demonstrar um futuro tão terrível que leve as pessoas a lutar para que ele não aconteça. Se isso é verdade, o desafio que se põe para a nossa geração é enorme.

Com a edição da Lei nº 13.709, de 14 de agosto de 2018 (Lei Geral de Proteção de Dados), a sociedade brasileira dá o seu primeiro (tímido) passo, a sua primeira tentativa de colocar um freio ao "Grande Irmão". Desde o advento da LGPD, o mercado editorial brasileiro foi invadido por uma avalanche literária que simplesmente não contribui em nada nesse desafio. Muitas dessas obras não passam de verdadeiros caça-níqueis. Esse não é definitivamente o caso do livro que o leitor tem agora em suas mãos.

O presente livro foi escrito por quem está no *front*. Ele é o resultado do trabalho árduo de três grandes profissionais que estão à frente de diversos projetos de adequação à LGPD e que, cansados da lentidão dos entregáveis nas abordagens tradicionais, empenharam esforços para desenvolver uma metodologia que não apenas funcionasse, mas que principalmente entregasse para as organizações resultados palpáveis de curto prazo.

Essa é a ideia por trás de **Privacidade Ágil**, um conceito que foi testado e aprovado pelo mercado e que agora é gentilmente compartilhado pelos autores com o público geral.

Rio de Janeiro, inverno de 2021
Rodrigo Borges Valadão
Procurador do Estado do Rio de Janeiro
Doutor em Direito Público pela Albert-Ludwigs-Universität Freiburg (Alemanha)

---

[1] No original: "Big Brother is watching you". Note-se que a expressão "big brother" também pode assumir o sentido de "irmão mais velho".

Sumário

Introdução

A Lei nº 13.709, de 14 de agosto de 2018, chamada de Lei Geral de Proteção de Dados e conhecida como LGPD, é uma legislação especial em sua abrangência. Praticamente todas as empresas e até profissionais liberais caem na sua esfera e devem se adequar. Ela afeta o trabalho do dia a dia e, em alguns casos, a própria estratégia da organização. Muitos executivos e outros profissionais sentem a necessidade de uma abordagem clara que guie os esforços de adaptação da organização. Este livro é para eles. O belo juridiquês foi abandonado e usamos uma linguagem simples e acessível. Também não é necessário qualquer conhecimento do Direito para entendê-lo e utilizá-lo. Na verdade, profissionais de Direito que se envolvem em projetos de conformidade com a LGPD também se beneficiam do conteúdo deste livro, em suas partes metodológicas.

Este livro é sobre o conceito de **Privacidade Ágil**, ou seja, a aplicação das ideias e técnicas de agilidade na criação e manutenção de sistemas de gestão de privacidade. Por este motivo ele tem três partes. A primeira explica os principais conceitos de privacidade e da LGPD. A segunda discorre sobre agilidade e métodos de gestão ágil de projetos. A parte final é a metodologia de Privacidade Ágil em si, ou seja, uma abordagem de como implantar e gerir um programa de privacidade compatível com a LGPD. As três partes foram criadas de forma a serem relativamente independentes. Na verdade, uma pessoa que conhecesse a LGPD e que trabalhasse em uma empresa em que os métodos ágeis fossem de conhecimento geral poderia pular os dois primeiros capítulos e ir direto para o último. Mas nós tentaríamos convencer essa pessoa a não tomar esta rota e ler o livro todo. Este livro foi propositalmente escrito para não ser um volume grosso. Cada um dos dois primeiros capítulos provê a fundação necessária para aproveitar o terceiro ao máximo. No mínimo, eles lhe possibilitam fazer uma boa revisão.

O capítulo **Privacidade e proteção de dados** começa com uma pequena retrospectiva histórica antes de introduzir conceitos básicos importantes como os de: dado pessoal, dado pessoal sensível, titular, controlador e operador. Em seguida falamos um pouco sobre a interpretação da LGPD e quais são os principais novos direitos que a lei institui e a que as organizações devem atender. Tentamos a seguir explicar um assunto importante: bases legais. Este é um ponto importante! Todo uso de dado pessoal deve ter uma base na lei, e muitas empresas estão escolhendo bases de forma incorreta. A seguir falamos do Registro das Operações de Tratamento de Dados, do relacionamento de privacidade e segurança e da governança de dados pessoais. O capítulo encerra com a lembrança de que o não cumprimento da lei pode gerar sanções administrativas pesadas e, muitas vezes, facilmente evitadas.

O capítulo sobre **Agilidade** também começa com uma pequena retrospectiva histórica. Ele explica o que é o Manifesto Ágil e os princípios ágeis deste manifesto. Uma boa parte do capítulo é dedicada à metodologia *Scrum* de gestão de projetos. Explicamos os papéis e as responsabilidades dentro desse *framework*, bem como os principais artefatos, como o *backlog* do produto e o *backlog* da *Sprint*. Os conceitos de escopo variável e MVP vão ajudar a entender alguns pontos do terceiro capítulo. Cada uma das cerimônias *Scrum* (Planejamento da *Sprint*, *Sprint*, Reunião Diária, Revisão da *Sprint* e Retrospectiva da *Sprint*) recebe atenção individual. Como explicamos aqui os *Burndown Charts* em detalhe, nos abstemos de repetir a explicação no último capítulo. Outra abordagem que recebe bastante atenção é o *Kanban* aplicado em projetos. Além de explicar como *Kanban* funciona, criamos um quadro útil comparando *Kanban* com *Scrum*. A seguir explicamos o que é um *canvas*, como eles são utilizados e damos alguns exemplos de *canvas* famosos. O capítulo termina com uma breve explicação das diferenças entre *Scrum* e o *framework* de Privacidade Ágil do terceiro capítulo.

O capítulo sobre **Privacidade Ágil**, evidentemente, é o prato principal. Ele começa com uma visão geral da abordagem. Em seguida passamos para uma análise do conceito de **risco** e explicamos como ele se torna uma parte integral do *framework*. A primeira etapa de um programa de Privacidade Ágil é explicada a seguir: o **reconhecimento**. Esta é a etapa em que a primeira versão do *backlog* do programa é criada. A seguir explicamos os principais componentes de um sistema de privacidade, incluindo artefatos para: governança de privacidade, gestão de mudanças, tratamento de dados pessoais, atendimento ao titular e gestão de incidentes de privacidade. Uma atenção especial é dada ao que é conhecido em inglês como *Record Of Processing Activities* (ROPA) e que traduzimos neste livro como Base de Informações de Operações de Tratamento (BIOT). A seguir explicamos o funcionamento dos ciclos de melhoria do programa, onde aquilo que foi somente esboçado no primeiro *backlog* vai, ao longo do tempo e dentro da capacidade de investimento da organização, se tornando versões sucessivas do sistema de privacidade. Para isso explicamos as etapas de Pré-*Game* e *Game* das *Sprints* de privacidade, bem como a etapa de avaliação. Finalmente terminamos com algumas sugestões de como a abordagem pode ser adaptada pela organização.

Este livro foi escrito por três autores diferentes, um sendo responsável por cada capítulo. O objetivo foi agregar a visão dos melhores especialistas disponíveis. O primeiro capítulo foi escrito por uma profissional especialista em Direito Digital e *Compliance*, o segundo por um especialista em gerenciamento de projetos ágeis e o último pelo criador do *framework* de Privacidade Ágil. Apesar disso, nos esforçamos para que você não fosse capaz de descobrir isso se não fosse informado. Cada capítulo foi revisado por nós três para que parecesse que apenas um autor tivesse criado o livro inteiro e uma única visão consistente atravessasse toda a obra. Esperamos que tenhamos sucesso e que este livro seja tão agradável quanto útil.

1. Privacidade e proteção de dados

1.1. A história até aqui

Hoje há um debate filosófico enorme sobre o que é privacidade, quais são seus limites e como protegê-la. Não é surpreendente que essa preocupação tenha motivado um juiz da Suprema Corte dos Estados Unidos a escrever o comentário a seguir:

> Invenções e métodos de negócios recentes chamam a atenção para o próximo passo que deve ser dado para a proteção da pessoa e para assegurar ao indivíduo o que o juiz Cooley chama de direito de "ser deixado em paz". [1]

O que pode ser surpreendente é que esta citação foi extraída de um artigo escrito em 1890 e que a nova invenção aludida é a fotografia instantânea. Hoje já não nos preocupamos muito com fotografias tiradas na rua, mas a tecnologia continua sendo fonte de preocupação. De fato, essas mudanças de preocupação não só acompanham a tecnologia, como também nosso entendimento sobre o que é privado. Os camponeses medievais frequentemente tinham casas que eram um grande cômodo único, em que a vida era, dia e noite, compartilhada. Viajantes dormiam na mesma cama que estranhos nas estalagens. Por vezes, não havia intimidade nem ao ir ao banheiro. No entanto, as pessoas compartilhavam seus pensamentos mais íntimos apenas com seu confessor. Sempre há privacidade. O que muda é o que, em um dado momento na história e em uma dada cultura, espera-se que seja apartado de olhares e ouvidos estranhos.

Ferdinand Schoeman [13] diz que muitos autores consideram o direito à privacidade como o direito de um indivíduo de determinar quais informações sobre ele podem ser comunicadas a outros. Gostamos dessa definição. Ele ainda diz que muitos identificam privacidade com uma medida de controle que um indivíduo tem sobre: (1) informações sobre si mesmo; (2) intimidades de identidade pessoal; ou (3) quem tem acesso sensorial a ele. Se essa definição não cobre todos os aspectos da privacidade, ela certamente é um bom ponto de partida.

Se juntarmos o fato de a privacidade ser dependente do tempo e da cultura com a definição da privacidade como uma medida de controle, temos os dois grandes critérios usados para classificar uma informação como privada e o uso de uma informação como adequada: (1) expectativa razoável e (2) consentimento. Quando usamos uma informação sobre alguém, podemos razoavelmente inferir, com base nas expectativas culturais, se aquele uso pode plausivelmente ser considerado uma invasão da privacidade. Por outro lado, podemos perguntar ao próprio indivíduo, usando seu critério pessoal de controle de sua informação, se ele consente em que ela seja usada de uma determinada forma. Os dois critérios têm seus usos, vantagens e desvantagens. O consentimento pode parecer ideal, mas, em muitos casos, simplesmente não é prático. Por outro lado, indivíduos podem ter personalidades mais ou menos privadas. O que consiste em uma expectativa razoável em uma sociedade pode não coincidir com as escolhas individuais.

Como dissemos, a discussão sobre privacidade, embora tenha ganhado cada vez mais destaque em nosso tempo, não é nova. Em 1948, quando a Declaração Universal dos Direitos Humanos foi adotada, ela já incluía, em seu artigo 12º, o direito à privacidade. Em 1967, em uma medida sem precedentes na história, o *Freedom of Information Act* (FOIA) entra em vigor nos Estados Unidos, dando a todos os cidadãos o direito de solicitar acesso a documentos de órgãos públicos contendo informações sobre eles.

Desenvolvimentos importantes acontecem na Europa. Já em 1981 o Conselho da Europa (principal organização de direitos humanos do continente) adota a Convenção de Proteção de Dados (Tratado 108), que torna o direito à privacidade um imperativo legal. Em 1995, já sob o manto da União Europeia, foi aprovada a Diretiva de Proteção de Dados, que tratava do processamento de dados. No entanto, essa Diretiva foi considerada inadequada e, em 2016, o agora famoso GDPR (*General Data Protection Regulation*) ou RGPD (Regulamento Geral sobre a Proteção de Dados) entrou em vigor para todo o território europeu.

O Brasil não está muito atrás da Europa. Já em 2010 uma consulta pública sobre o tema, pelo Ministério da Justiça, teve cerca de 2.500 contribuições. Nesta época, chegou-se à conclusão de que precisávamos de legislações preliminares antes de uma lei específica para privacidade. A primeira, e talvez a mais significativa dessas legislações, foi o Marco Civil da Internet, proposto em 2011 e aprovado em 2014, que regula o uso da Internet no Brasil, por meio de garantias, direitos e deveres para quem está na rede mundial, bem como diretrizes para a atuação do Estado.

Em 2012 foi proposta uma versão de um projeto de lei sobre tratamento de dados pessoais na Câmara, mas foi a versão proposta no Senado, no ano seguinte, que estava destinada a se tornar lei. Esse projeto de lei foi fortemente inspirado na versão do, então futuro, RGPD, que já estava sendo discutido na Europa. Ele passou por um processo relativamente longo, até sua aprovação em 2018, com o nome de Lei Geral de Proteção de Dados Pessoais (LGPD), composta de 65 artigos. Ainda assim, as partes da lei que tratam dos direitos dos titulares e exigências de governança entraram em vigor em 2020 e as sanções administrativas só em 2021.

É importante lembrar que a LGPD não é o único normativo que trata de privacidade e dados pessoais. O Marco Civil da Internet (Lei nº 12.965/2014, que prevê a proteção de dados pessoais como um de seus princípios no artigo 3º, III, mas pouco detalha sobre o tema nos artigos 7º, VII a X, e 10 a 12), o Código de Defesa do Consumidor (Lei nº 8.078/1990, que traz regras específicas sobre bancos de dados e cadastros de consumidores nos artigos 43 e 44), o Código Civil (Lei nº 10.406/2002, que trata sobre a inviolabilidade da vida privada em seu artigo 21) e a Lei Habeas Data (Lei nº 9.507/1997, que trata do direito de você acessar seus dados), para citar alguns exemplos, todos têm algo a dizer sobre o assunto. Isso sem contar as portarias de Agências Regulatórias que atingem certos setores. A LGPD é o foco central, mas não o único texto a ser consultado quando o assunto é privacidade. Ainda assim, por motivo de simplicidade e praticidade, nas próximas seções vamos focar principalmente em compreender a cultura de privacidade e os conceitos trazidos pela LGPD, usando práticas europeias do RGPD para preencher certas lacunas.

1.2. Cultura em privacidade

Nas culturas "ocidentais", a esfera privada é um direito inalienável do indivíduo. Na Alemanha, por exemplo, é considerada como o espaço onde a pessoa pode se comportar à vontade, sem ser observada nem escutada por outros. Nos EUA, a privacidade é o "right to be left alone", ou seja, o direito de ser deixado em paz.

Além do contexto histórico informado no tópico anterior, é importante ressaltar que, apesar da legislação em privacidade ser adotada há longos anos pelos continentes europeu e americano, o tratamento desse tema por cada país é totalmente influenciado pela cultura local. Para que essa compreensão seja completa temos que entender o contexto histórico dos próprios países.

Com relação ao tratamento da cultura americana, por exemplo, devemos levar em consideração que, apesar da legislação em privacidade ser adotada em 1967, desde muito antes a segurança coletiva se sobressai sobre o direito individual. Isso porque o continente inteiro, e não só os EUA, adota o vigilantismo como prática de segurança. Muitos citam que este conceito foi adotado após tantas guerras e ataques terroristas, porém, a NSA, órgão responsável pela inteligência de sinais (SIGINT), dedicado a proteger as comunicações americanas incluindo interceptação e criptoanálise, foi criado em 1952. Por muito tempo esse órgão foi secreto e o próprio governo negava sua existência. Somente em 1982 a informação veio a público, através de um jornalista americano especialista na atuação do órgão de investigação.

Houve diversos escândalos envolvendo os órgãos de segurança americanos, sobre espionagem e investigações que feriam a vida íntima das pessoas em prol da segurança nacional.

Não estamos aqui para avaliar o certo ou errado, ou a licitude desses atos, mas simplesmente para constatar o fato de que a cultura de segurança do povo americano é superior à cultura de privacidade, o que explica as ações das grandes empresas americanas do mercado, quando se verifica a relação com esses temas. Quando se fala de legislações envolvendo dados pessoais, há uma crescente pressão por parte da população para que elas sejam aprovadas. Segundo o relatório sobre a responsabilidade de dados corporativos, nos Estados Unidos, 87% das pessoas acreditam que a privacidade de dados é um direito humano. Publicado pelo grupo KPMG, o relatório também mostra que 56% dos cidadãos querem ter mais controle sobre os seus dados pessoais. Apesar disso, os Estados Unidos não possuem uma legislação única para dados. No entanto, cada estado, individualmente, tem tomado iniciativas nesse sentido.

Agora, analisando o cenário europeu, onde a cultura de privacidade vem aumentando desde 1981, o cenário já vem sendo estabelecido em razão do valor pessoal que o europeu dá ao espaço onde a pessoa pode se comportar à vontade, sem ser observada nem escutada por outros. Muitas vezes os europeus são considerados até frios pela maneira como se portam em suas relações interpessoais. Segundo o holandês Geert Hofstede, especialista em psicologia social, a "dimensão da esfera privada depende também do espaço e, por conseguinte, também da riqueza de que se dispõe. Embora a riqueza venha primeiro, e depois o individualismo". Ou seja, a cultura europeia e a riqueza estabelecida por aqueles países demonstram que há uma predisposição natural para que a privacidade seja tratada com uma valoração especial.

Essa análise cultural é importante em razão das influências que nosso país vem absorvendo. Isso porque o desenvolvimento tecnológico nos ensinou que a cultura americana, ligada à segurança, é de extrema importância e sempre nos influenciou, não somente pela transformação digital, que vem ganhando força, como também pelos filmes, séries e mercado de consumo adotado por nosso país. De outro lado, nossas influências culturais de sociedade, advindas do modelo europeu, nos influenciam a dar um valor especial ao comportamento em prol da privacidade.

Sendo assim, nosso país tem forte tendência a usar com equilíbrio ambas as culturas. No entanto, para que isso ocorra, será de extrema necessidade que essas raízes sejam resgatadas e trabalhadas em nosso cotidiano.

A Lei Geral de Proteção de Dados traz essa possibilidade e reforça a necessidade de aplicação da segurança em prol da privacidade do indivíduo, a fim de garantir os direitos e liberdades fundamentais, antes já previstos na Constituição Federal. Esses direitos e liberdades são entendidos como o conjunto de preceitos conquistados com o avanço das sociedades jurídicas e hoje positivados na legislação e incluídos na cultura nacional.

1.3. Conceitos básicos

Toda lei surge de motivações. Podemos resumir a razão de ser da LGPD em três objetivos:

- Ela visa dar mais poder ao indivíduo em relação ao controle de seus dados pessoais, conhecido como o direito da autodeterminação informativa. Previsto no artigo 2º, inciso II, da LGPD.
- Ela almeja fomentar a cultura de proteção à informação, colocando o assunto na agenda dos executivos. Como estimulado no artigo 50 *caput*.
- Também tem o objetivo de frear o uso indiscriminado das informações pessoais, que se tornou cada vez mais comum. Como materializado nos princípios do artigo 6º.

É uma legislação que tem a pretensão de mudar o mercado, e mudar principalmente a nossa mentalidade, no uso dos dados pessoais. Nesta seção, veremos alguns termos e conceitos básicos usados na LGPD.

Na definição da lei, o **titular** é a pessoa natural a quem se referem os dados pessoais, que são objetos de tratamento. Em vez de usar termos técnicos, como pessoa natural e pessoa física, talvez seja melhor dizer que é uma lei que protege o ser humano, que protege todos nós enquanto seres humanos com vida.

Ela não protege os dados de pessoas jurídicas. Mas deve-se lembrar que toda pessoa jurídica é formada por seres humanos. Fundadores, funcionários e outros colaboradores estão protegidos. Mesmo informações de negócios sobre os sócios podem se enquadrar. Em um caso famoso na Europa, um empresário processou a Google pelo direito de retirar do resultado de pesquisas de seu nome o fato de ele, no passado, ter sido objeto de um processo de falência.

O maior ativo corporativo são as pessoas que formam a colaboração única proposta pela missão em comum, portanto nada mais justo que uma organização dê aos funcionários, e a outros titulares internos à organização, o conhecimento sobre o tratamento de seus dados, bem como poder sobre eles.

Não é claro se as pessoas falecidas são titulares pela LGPD. O RGPD define que ele "não se aplica aos dados pessoais de pessoas falecidas", porém que os "Estados-Membros podem estabelecer regras relativas ao tratamento de dados pessoais de pessoas falecidas". A LGPD não faz nenhuma referência parecida, deixando a questão ainda em aberto. Se acrescentarmos isso ao fato de que a ausência de direitos para pessoas falecidas é uma fonte de debate para o próprio RGPD, a definição sobre se pessoas falecidas são titulares de dados no Brasil se torna ainda mais obscura.

Para a lei, os **dados pessoais** são todas aquelas informações identificadas ou identificáveis à pessoa natural. Quando tenho, em minha base de dados, informações que incluem nome completo e CPF, esta base lida com informações diretamente identificadas ao titular. Por outro lado, quando tenho informações sobre uma pessoa que eu sei que é o proprietário único de um certo imóvel e eu tenho acesso a um cadastro de proprietários de imóveis, estas informações são, indiretamente, identificáveis a um titular.

Lembre-se de que a lei não se aplica somente aos dados digitais, mas também aos dados físicos. Se você tem dados em documentos em papel, esses arquivos físicos também precisam ser tratados de acordo com a LGPD.

A legislação traz uma classificação adicional, que ajuda a avaliar os riscos à privacidade. Ela define como **dado pessoal sensível** todo dado:

- relacionado à origem racial ou étnica;
- relacionado à convicção religiosa;
- relacionado à opinião política;
- relacionado à filiação a sindicato, organização de caráter religioso, filosófico ou político;

- referente à saúde ou à vida sexual;
- genético ou biométrico;
- sempre que esses dados estiverem vinculados à pessoa natural (ser humano).

Esses dados são sensíveis porque eles afetam diretamente o princípio da não discriminação, além de tornarem a identificação mais facilitada e o desenvolvimento de fraudes a quem tiver acesso, no caso de um cruzamento de dados. Eles são classificados dessa forma objetivando uma exigência maior em relação ao tratamento de dados. Se possível, as organizações devem evitar coletá-los. Há inclusive, na legislação, uma limitação do seu tratamento trazida pelo artigo 11.

Embora a lei explicitamente liste somente esses dados como sensíveis, os princípios da boa fé e da não discriminação, que veremos depois, definem que, se a organização identificar outros dados que possam ser usados de forma discriminatória, em um contexto particular, ela deve tratar esses dados de forma similar aos dados sensíveis.

Temos conversado focando em organizações, que a LGPD chama de **controladores**. Um controlador é uma pessoa natural, ou jurídica, a quem competem as decisões referentes ao tratamento, ou seja, aquele que recebe a posse para o tratamento das informações relacionadas ao titular durante todo o seu ciclo de vida, da coleta à eliminação, cobrindo todas as ações que serão executadas com dados pessoais. Na legislação ele é citado 64 vezes, ou seja, a sua responsabilidade fica em evidência no texto legal.

Esse agente de tratamento pode ser identificado se respondermos às perguntas:

- POR QUE é realizada a coleta dos dados do titular;
- COMO/QUAL base legal para fazê-lo;
- QUEM/SOBRE QUEM serão coletados os dados;
- QUAIS dados pessoais serão coletados (o conteúdo dos dados);
- PARA QUE os dados serão usados (finalidade);
- PARA QUEM divulga, compartilha ou transfere os dados;
- POR QUANTO TEMPO reter os dados.

Isso porque todas essas obrigações são do controlador de dados, tendo em vista sua obrigação de ônus da prova, comunicação com o titular (princípio da transparência), autodeterminação informativa, entre outras. A fim de garantir o respeito à legislação e ao princípio da prevenção, essa figura deve desenvolver um **relatório de impacto a proteção de dados** e apresentá-lo se solicitada. Esse relatório demonstra a conformidade e análise prévia de risco (assunto tratado na seção 3.2 deste livro).

Além das atribuições citadas, o controlador deverá, por obrigação legal, indicar o **Encarregado** de Proteção de Dados (DPO), figura que será tratada em breve.

A lei também cita um outro tipo de agente de tratamento: o operador. Um **operador** de dados é uma pessoa natural, ou jurídica, que realiza diretamente o tratamento de dados em nome do controlador. É importante ressaltar que é responsabilidade do controlador direcionar, contratualmente, as ações que o operador deve fazer. O operador é citado apenas 12 vezes entre os 65 artigos da legislação. Isso porque ele só deve fazer aquilo que é indicado pelo controlador. Isso não quer dizer que, dentre a relação controlador X operador, o segundo se exima de responsabilidades. Não é porque sua atuação deva ser direcionada que ele não tem poder decisório sobre nada. Com relação ao sistema, método ou ferramentas utilizadas para coletar os dados pessoais, os meios utilizados para transferir os dados pessoais de uma organização para outra, os métodos utilizados para recuperar dados pessoais de determinados indivíduos, a maneira de garantir que o método por trás do cronograma de retenção seja respeitado, o meio de garantir a segurança dos dados pelo operador e o método de armazenamento de dados pessoais são decisões do operador.

Por exemplo, digamos que uma indústria utilize os serviços de uma empresa que oferece um sistema de gestão de RH para fazer a gestão de seus funcionários. A indústria é o controlador dos dados de candidatos e funcionários, e a empresa de RH é o operador desses dados. É importante que o contrato entre as duas empresas defina as regras de como realizar os tratamentos de dados pertinentes. Aliás, a caracterização se uma empresa é um operador e não um controlador usualmente se faz pela identificação de um contrato com um controlador. É importante ressaltar que, em seu Guia Orientativo, a Autoridade Nacional de Proteção de Dados (ANPD) repete as orientações do *European Data Protection Board* (EDPB) de que: "os conceitos de controlador e operador são funcionais: eles visam alocar responsabilidades de acordo com os papéis reais das partes. Isso implica que o status legal de um ator como 'controlador' ou 'operador' deve, em princípio, ser determinado por suas ações concretas em uma determinada situação, em vez da designação formal como sendo um 'controlador' ou 'operador' [2].

Evidentemente, uma mesma empresa pode não ter operadores quando realiza todos os seus tratamentos internamente, ou atuar no papel de controlador e operador para diferentes tratamentos. Operador e controlador têm responsabilidade solidária caso ocorra uma violação de dados pessoais, se a relação não estiver previamente bem estabelecida, ou se o operador tomar decisões pertinentes ao controlador. Nesses casos, mesmo figurando contratualmente como operador, a segunda toma para si as 53 obrigações adicionais, passando a haver duas figuras de controlador na relação.

Este também é o caso se o prestador de serviço utilizar o dado de forma que não esteja prevista em contrato.

O operador, para que possa exercer sua função com qualidade, deve manter os dados pessoais protegidos de acesso não autorizado, divulgação, destruição, perda acidental ou qualquer tipo de violação de dados pessoais, além de manter registros das operações de tratamentos de dados pessoais que realizar, a todo momento observando as boas práticas e os padrões de governança previstos na LGPD.

Agora vamos falar de duas outras entidades criadas na lei: a Autoridade Nacional de Proteção de Dados (ANPD) e o Encarregado de Proteção de Dados.

O **Encarregado de Proteção de Dados (EPD)** é o profissional responsável pela comunicação entre as diversas entidades definidas na lei. Trata-se de uma função nova no mercado, que precisa ser contratada pelos controladores de dados, conforme citado anteriormente. O encarregado de proteção de dados também é conhecido como **DPO**. Esta é uma sigla que significa *Data Privacy Officer* ou *Data Protection Officer.*

A lei prevê que ele pode ser uma pessoa física, contratada do controlador, ou uma pessoa jurídica que preste esse serviço. Em qualquer caso, ele precisa ser nomeado perante a Autoridade Nacional de Proteção de Dados. Na verdade, ele precisa ser conhecido de todos os titulares. Assim, o controlador deve dar ampla divulgação de quem ele é e como é possível entrar em contato com ele. Usualmente, essas informações devem constar no site do controlador.

O Encarregado realiza uma série de serviços de suporte e assistência para o controlador. É o Encarregado que recebe as solicitações e reclamações dos titulares. É ele que presta os esclarecimentos e adota as providências em relação aos direitos dos titulares. É ele que recebe as comunicações da ANPD, e que deve adotar as providências cabíveis. É também o Encarregado o responsável pela conferência e assinatura do RIPD, o relatório de impacto à proteção de dados e privacidade.

Os **RIPD** são relatórios exclusivos da lei geral de proteção de dados. A lei cria a exigência do desenvolvimento desse relatório, que traz transparência sobre o tratamento de dados pessoais. Ele determina como é realizado cada tratamento, com quais finalidades e bases legais, e traz uma análise de riscos aos titulares.

Embora não seja uma exigência legal, idealmente o controlador deve criar um Comitê de Privacidade, e o Encarregado deve auxiliar na tomada de decisões deste corpo.

É importante notar que o Encarregado também tem responsabilidade solidária como operador e o controlador, nos casos em que não tiver feito as recomendações necessárias a fim de alertar o controlador sobre o risco do tratamento dos dados pessoais.

Outra atuação que deve ser ressaltada dessa figura corporativa é o de aculturamento. Este profissional, por ter ampla experiência em privacidade e nas demais áreas correlatas e complementares à conformidade da empresa controladora, auxiliará no desenvolvimento da cultura de proteção de dados da organização. Além disso, ele também deve contribuir para que, nos projetos, serviços e processos adotados pela empresa, seja incluída a perspectiva de privacidade desde a origem, ou como configuração padrão (*Privacy by Design and by Default*). Ele serve como um mentor de privacidade, direcionando a empresa para que esteja em conformidade, independentemente do procedimento adotado.

Em outros países, papéis com responsabilidades similares têm sido atribuídos a profissionais conhecidos como *Product Owners* (PO) ou como *Data Protection Officers* (DPO). Contudo, a figura de encarregado adotada pela legislação brasileira é mais próxima à do segundo, também adotada pela legislação europeia, razão por que, no mercado, é comum chamarmos o encarregado de DPO.

Além das figuras de agentes de tratamento e do responsável por direcionar as empresas no tratamento de dados pessoais internamente, a legislação brasileira de proteção de dados, após a inclusão de alguns artigos pela Lei nº 13.853, de 2019, definiu a criação da **Autoridade Nacional de Proteção de Dados Pessoais (ANPD)**, órgão da administração pública federal com o objetivo, dentre outras coisas, de zelar pela proteção dos dados pessoais e elaborar diretrizes para a Política Nacional de Proteção de Dados Pessoais e da Privacidade. O Decreto Presidencial nº 10.474, de 26 de agosto de 2020, aprovou a Estrutura Regimental e o Quadro Demonstrativo dos Cargos, abrindo caminho para sua real instalação.

Trata-se de um órgão potencialmente gigantesco, uma vez que tem responsabilidade de regulação e fiscalização sobre, virtualmente, todas as empresas em todo o território nacional. Ela possui um Conselho Diretor, composto por cinco integrantes indicados pela Presidência da República, com mandatos de quatro anos. Também possui um Conselho Nacional de Proteção de Dados, composto por 23 representantes dos três poderes e da sociedade, como membros de entidades da sociedade civil com atuação relacionada à proteção de dados pessoais; instituições científicas, tecnológicas e de inovação; e confederações sindicais.

A ANPD tem uma série de atribuições. Podemos destacar as seguintes:

- Zelar pela proteção dos dados pessoais.
- Promover na população o conhecimento das normas e políticas públicas sobre proteção de dados pessoais.
- Promover ações de cooperação com autoridades de proteção de dados pessoais de outros países.
- Elaborar diretrizes para a Política Nacional de Proteção de Dados Pessoais e da Privacidade.
- Editar regulamentos e procedimentos sobre proteção de dados pessoais e privacidade, bem como relatórios de impacto.
- Fiscalizar e aplicar sanções, em caso de tratamento de dados realizado em descumprimento à LGPD.
- Realizar auditorias, ou determinar sua realização, sobre tratamento de dados pessoais, incluindo no poder público.
- Implementar mecanismos simplificados, para o registro de reclamações sobre o tratamento de dados pessoais.

É declarado na legislação de proteção de dados que esse órgão conta com o apoio do órgão de defesa do consumidor e também do órgão de defesa do cidadão, que atuarão de forma a auxiliar a aplicabilidade da lei. Por isso, a mera observância das determinações da ANPD não é o suficiente para seguir as boas práticas de privacidade, devendo, portanto, observar todo o cenário que envolve o tema, buscando também a atuação do Procon e do Ministério Público, cada um em sua esfera administrativa. É também importante para uma boa gestão de privacidade o acompanhamento das decisões judiciais, tendo em vista que os órgãos de defesa da privacidade do consumidor têm atuação administrativa, enquanto tanto o Ministério Público como a iniciativa particular podem peticionar junto aos tribunais.

1.4. Princípios: como interpretar a lei

O artigo sexto da LGPD oferece uma série de princípios, que precisam ser analisados quando realizamos o tratamento de dados pessoais. Um princípio que é o requisito de todos os outros é o da **boa-fé**. Ele obriga a uma cooperação objetiva de todos os envolvidos, incluindo o Estado, as empresas e os titulares, levando em consideração os interesses de todos, mas com vistas a alcançar os objetivos da LGPD. Esse conceito, previsto no *caput* (parte principal) do artigo, traz uma perspectiva de boa intenção, honestidade e sinceridade na aplicação da legislação e respeito aos princípios abordados no corpo do artigo.

A lei não veio para impedir as empresas de fazer seus negócios, desenvolver inovações, e nem para criar mecanismos para que as pessoas ameacem sua lucratividade indevidamente. Ela existe para dar uma razoável presunção de privacidade aos indivíduos. As empresas devem realizar esforços, compatíveis com sua capacidade de investimento, para garantir a privacidade dos titulares, inclusive incentivando a aplicação de mecanismos de destaque, diferencial de mercado e respeito ao titular.

A ordem de apresentação dos princípios não implica em diferentes valorações, tratando-se apenas de organização do artigo. Portanto, todos os princípios têm o mesmo grau de importância para a lei.

O primeiro princípio listado da lei é o da **finalidade**. Isso significa que precisamos sempre ter em mente, de forma muito clara, qual é a finalidade/objetivo de cada tratamento de dados pessoais. Portanto, não podemos realizar um tratamento de dados pessoais, nem mesmo a simples coleta, sem ter uma finalidade específica. A LGPD traz dez bases legais, que servem como justificativas válidas para realizar um tratamento de dados pessoais. Em todas as atividades que envolvem dados pessoais, é preciso classificar e documentar qual é a base legal e a finalidade específica desse tratamento. Além disso, para a aplicação da base/justificativa legal, esta finalidade não pode ser o mero arquivo para uso futuro, sem qualquer previsibilidade de uso. É necessário que essa justificativa seja identificada utilizando aquele, já citado, princípio da boa-fé.

O princípio da **adequação** está intimamente vinculado ao da finalidade. Ele prevê que o tratamento de dados pessoais somente pode ser realizado quando houver compatibilidade entre o tratamento e as finalidades informadas. Por outro lado, deve ser considerado o fato de que ele reforça a necessidade de conformidade com a legislação; portanto, não basta haver uma finalidade definida e que o tratamento e a finalidade sejam compatíveis, é necessário que se atenda aos requisitos legais de tratamento.

O princípio da **necessidade** também complementa o da finalidade. É um princípio que costumava não ser observado pelas organizações. É comum que coletemos dados pessoais simplesmente para enriquecer as nossas bases de dados. Esse princípio vem justamente vedar essa prática. É importante que só façamos a coleta de dados pessoais quando nós tivermos uma necessidade específica para eles.

O princípio da **qualidade dos dados** define que os dados pessoais precisam estar corretos e atualizados, pois a falta de atualização poderá ferir o direito do titular e um dado incompleto não cumpre nem sua finalidade nem a necessidade, portanto deve ser eliminado. Ele cria o desafio de coletar os dados corretamente e não manter bases de dados desatualizadas. Esse princípio pode ser visto como um incentivo de relacionamento com o titular, uma vez que, para que seja possível manter a base atualizada, a conferência dos dados com o titular deve ser feita dentro de uma periodicidade curta.

O princípio da **segurança** é essencial na LGPD. Sem segurança de dados não é possível garantir a privacidade. A violação de dados pessoais é uma das situações de mais elevada criticidade no tratamento de dados pessoais. Ela coloca em enorme risco, de forma permanente, os direitos dos titulares, uma vez que quem adquire o dado ilicitamente não tem qualquer compromisso com o titular. Dessa forma, as técnicas e toda a governança em segurança da informação são pré-requisito para o tratamento de dados pessoais.

O princípio da **não discriminação** coloca um limite importante no uso do dado. Ele define que as organizações realizem esforços para que seja impossível o tratamento de dados para fins discriminatórios, seja de forma automatizada ou não. Ele está relacionado à noção de dados sensíveis. Este princípio reforça a garantia aos direitos fundamentais previstos no artigo 1º da LGPD.

O princípio da **transparência** é, talvez, um dos maiores princípios da LGPD quando falamos do relacionamento que a empresa deve construir com o titular. Este precisa receber ampla informação sobre o tratamento dos seus dados. Somente assim o titular pode conseguir avaliar a legalidade, a legitimidade e a segurança do tratamento de acordo com o seu propósito, adequação e necessidade. Assim, terá condições para refletir sobre o tratamento e tomar decisões de acordo com os seus direitos. Afinal, essa legislação foi criada para justamente dar mais poder ao titular sobre o tratamento de seus dados pessoais.

Um princípio que é também um direito do titular é o do **acesso livre**. Ele complementa o da transparência, garantindo ao titular acesso livre, de forma clara, facilitada e gratuita, a suas informações. O titular de dados é o verdadeiro dono/proprietário das suas informações. Se uma empresa coleta seus dados pessoais, ele tem o direito de saber, sem cobranças ou maiores dificuldades, quais são essas informações e o que a empresa faz com elas.

O próximo princípio é o da **prevenção**. A LGPD é uma norma que visa modificar a cultura no tratamento de dados pessoais. O fato de você estar, neste momento, lendo este livro prático é uma evidência de esforço nessa modificação de cultura. Mas a prevenção vai além. Os riscos à privacidade devem ser gerenciados desde antes do tratamento iniciar. A prevenção esperada deve ser pautada no conceito *Privacy by Design*, ou seja, privacidade desde a origem/projeto de tratamento do dado pessoal. Em toda implementação e melhoria de processo, em toda criação e manutenção de sistemas de informação, e, no geral, em toda mudança na organização, a preocupação com privacidade deve estar embutida nas metodologias.

O princípio da **responsabilização e prestação de contas** alerta as organizações de que não basta somente pretender cumprir a lei, ou mesmo cumprir a lei. Elas devem ser capazes de comprovar o cumprimento das normas, demonstrar a adoção de medidas eficazes e, inclusive, evidenciar a eficácia dessas medidas, para que não sejam responsabilizadas por atos por elas não cometidos. Lembramos que a responsabilidade dos agentes de tratamento (controlador e operador) são solidárias entre si na esfera administrativa.

Com relação à prestação de contas, a lei prevê que as organizações devem manter registro das operações de tratamento de dados pessoais. Não só porque essas informações podem ser requisitadas pelas autoridades, mas também em razão da possibilidade de inversão do ônus da prova.

1.5. Abrangência da aplicação

A LGPD é uma legislação que tem uma aplicação multissetorial. Todas as empresas, independentemente do seu porte ou área de atuação, precisam estar adequadas à legislação. Não é exagero dizer que essa legislação se aplica desde o padeiro até a multinacional. Se o padeiro guarda uma mala direta de seus clientes, ele precisa, em princípio, se adequar à lei. Na verdade, até mesmo órgãos e empresas públicas devem se adequar. Pessoas físicas, quando em atividade econômica, também devem se submeter à lei. Embora a LGPD não interfira com as informações que você tem na sua agenda pessoal, se você for um médico com consultório particular, por exemplo, as informações de seus pacientes estão protegidas pela LGPD.

Há sim a necessidade de criação de normativas ou regulamentos que definam exceções, como é aplicado na lei europeia. Contudo, o texto da lei, por se tratar de um único texto legal para todo o país, não traz a exceção de aplicabilidade, sendo necessário que a Autoridade Nacional de Proteção de Dados regule sobre este tema.

Ela também tem aplicação extraterritorial. Ela se aplica mesmo a empresas que não são instaladas no Brasil. Se a organização internacional tem estabelecimento no nosso país, se ela coleta ou trata dados de brasileiros, se ela oferece serviços ao mercado consumidor brasileiro, ela precisa estar adequada à legislação. Ela precisa demonstrar as boas práticas de governança em privacidade de dados. Nesse aspecto, empresas europeias que se submetem ao RGPD levam vantagem sobre outras. Lembre-se de que nossa LGPD é fortemente inspirada no RGPD europeu.

1.6. Direitos do titular

Todos nós, enquanto titulares de dados, passamos a ter uma série de direitos que antes não existiam, ou que ficavam espalhados pelo ordenamento jurídico. Ordenamento jurídico é o nome que se dá à hierarquia das normas jurídicas, que inclui leis, medidas provisórias, decretos, princípios e até entendimentos jurisprudenciais.

Para começar, com a LGPD, o titular deve receber informações claras e inequívocas (que não gerem dúvidas) sobre o tratamento dos dados pessoais, como mencionado diversas vezes, principalmente em reforço ao princípio da transparência.

Agora vamos especificamente tratar de cada direito previsto na legislação de privacidade de dados.

1.6.1 Informação sobre não consentimento

O consentimento é uma das bases legais que justificam o tratamento. Há certos direitos específicos relacionados a ele. Caso seja necessário pedir a autorização ao titular para uso de seus dados, o controlador deverá informar sobre a possibilidade do não fornecimento dessa autorização, bem como as consequências da inação, ou de negar explicitamente de consentir.

Por ser uma autorização direta do titular, o consentimento deve ser exercido por ele com o maior número de informações. Sendo assim, o controlador deve informar, de forma prévia, a finalidade e a necessidade dessa coleta, se haverá compartilhamento e/ou transferência internacional de dados pessoais, se o dado coletado é considerado dado sensível e como o titular poderá exigir seus direitos e principalmente em se tratando da revogação do consentimento.

Para que a coleta do dado seja realizada, devem-se observar pequenos detalhes como: se a empresa pede seu consentimento na Internet, o *checkbox* declarando isso não pode vir marcado por padrão. Isso porque não gera a ação de manifestação de vontade ou esforço.

Além disso, quando um tratamento tiver origem no consentimento do titular, ele poderá solicitar cópia eletrônica integral de seus dados pessoais, observados os segredos comercial e industrial. Aliás, em diversos pontos, a lei define que, para a informação ao titular devem ser observados os segredos comercial e industrial. Aqui, novamente, atua o princípio da boa-fé, em que os interesses das partes devem ser equilibrados.

Por ser também uma base legal, trataremos melhor da forma como esse consentimento deve ser coletado quando tratarmos dele na condição de justificativa legal.

1.6.2 Confirmação da existência do tratamento

Todos nós, diariamente, informamos dados pessoais para diversas empresas. É difícil lembrar quais informações nós demos para quem e por qual motivo. Agora é um direito confirmar se uma empresa trata seus dados. O titular poderá entrar em contato com o controlador a fim de questionar se o agente em questão tem informações sobre si, solicitando assim a confirmação da existência de tratamento. Na verdade, ele pode pedir acesso aos seus dados junto com informações de como eles são usados, tais como a finalidade específica e a forma e duração do tratamento.

A confirmação de existência de tratamento pode ser feita a critério do titular:

- em formato simplificado, imediatamente; ou
- por meio de declaração clara e completa, que indique a inexistência de registros do titular ou, no caso contrário, a origem dos dados, os critérios utilizados e a finalidade do tratamento, dentro de um prazo de até 15 dias.

As informações e os dados poderão ser fornecidos, <u>a critério do titular</u>, por meio eletrônico ou sob forma impressa.

1.6.3 Informações sobre o compartilhamento

O titular tem o direito de receber informação sobre com quais entidades, públicas e privadas, a empresa realizou uso compartilhado de dados e que dados pessoais foram compartilhados. Compartilhamento é um termo genérico que inclui comunicação, difusão, transferência, interconexão de dados pessoais ou tratamento compartilhado de bancos de dados pessoais. A lei enfatiza entidades públicas e privadas porque as informações devem incluir não só compartilhamento com prestadores de serviço e parceiros, mas até com entidades governamentais. Especial atenção deve ser dada à transferência internacional, isto é, ao compartilhamento de informação pessoal com entidades fora do Brasil.

O conhecimento sobre a existência do compartilhamento de dados é um direito do titular porque ele deverá tomar as rédeas sobre o uso de suas informações pessoais e somente com esse conhecimento ele poderá reagir, através da revogação do consentimento ou oposição ao tratamento, por exemplo.

Caso ocorram mudanças na estrutura de compartilhamento, por exemplo com uma troca de um parceiro que age como operador, o princípio da transparência exige que o controlador avise ativamente aos titulares, em vez de aguardar a requisição de informação por parte dos titulares individuais.

1.6.4 Oposição ao tratamento

Consentimento não é a única base legal de tratamento. Há muitos casos em que o tratamento pode existir sem que o titular tenha sequer conhecimento prévio sobre como será realizado seu tratamento e por qual finalidade, muito menos tenha oportunidade de negar consentimento. Mesmo assim, ele pode opor-se ao tratamento realizado, no caso de acreditar que houve descumprimento do que está disposto na lei.

Essa oposição deve vir acompanhada da não conformidade identificada e a justificativa da não concordância, para que o controlador e a autoridade possam tratá-la.

1.6.5 Anonimização, bloqueio ou eliminação

Em certas circunstâncias, o titular não se opõe ao tratamento em si, mas julga que ele é excessivo ou inadequado. Isso porque o controlador trabalha com dados que são desnecessários ou excessivos para as finalidades de tratamento. Por exemplo, uma empresa de telefonia pode solicitar que você informe seu endereço em uma solicitação de uma nova instalação. Isso é necessário para que ela avalie se pode atendê-lo. No entanto, se ela solicita o nome da sua mãe, isso parece desnecessário e excessivo. Também pode ocorrer que o titular julgue que o tratamento está em desconformidade com o disposto na lei.

Nesses casos, o titular poderá pedir a anonimização, o bloqueio, ou a eliminação desses dados desnecessários ou excessivos. É claro que ele somente terá conhecimento para tal requisição após ter acesso às suas informações.

Evidentemente que a anonimização, o bloqueio e a eliminação de dados pessoais não devem ser executados apenas pelo controlador, mas também pelas empresas com as quais ele tenha compartilhado os dados pessoais. Essas entidades devem ser imediatamente informadas, pelo controlador, da necessidade de realizar as alterações devidas.

É importante deixar claro que a solicitação não poderá ser direcionada ao que a empresa deverá fazer com os dados. O foco é a adequação entre os dados usados e as finalidades, bem como o cumprimento da legislação. Como sempre, a solicitação deve ser cumprida com o mínimo de boa-fé e razoabilidade, e, não sendo possível cumpri-la, o titular deverá ser informado.

1.6.6 Correção de dados incompletos, inexatos ou desatualizados

Este direito complementa o anterior. O titular pode concordar que certos dados continuem na base de dados da empresa, mas pode exigir a sua correção no caso de dados incompletos, inexatos ou desatualizados. Isso visa não somente garantir que o tratamento dos dados esteja relacionado a ele e sendo feito com correção, mas também para que não fira o direito do outro. Lembrando: dar a informação errada, apesar de não ser crime, gera um desconforto para a empresa e para o real titular daquela informação. Qualquer um que já recebeu um contato telefônico de uma empresa procurando por uma pessoa que ele não conhece sabe como é irritante que as organizações tenham informações erradas. Além disso, esse direito está intimamente ligado ao princípio da qualidade dos dados pessoais.

1.6.7 Eliminação dos dados

Mesmo que a base legal não tenha sido o consentimento, o titular pode exigir a eliminação dos dados pessoais tratados, exceto em hipóteses previstas na lei. Neste último caso, em que não é possível cumprir com esse direito, a empresa deve dar uma resposta clara, para que o titular compreenda os motivos.

Essa eliminação, por outro lado, deve ocorrer de forma automática sempre que o dado já tiver atingido sua necessidade e finalidade, além de exceder o prazo de armazenamento.

1.6.8 Portabilidade dos dados

Outra possibilidade criada pela lei é solicitar a portabilidade dos dados a outro fornecedor de serviço ou produto. Essa portabilidade deve ser feita de acordo com regulamentação da ANPD e deve observar os segredos comercial e industrial.

Importante ressaltar que dados considerados anonimizados, ou seja, aqueles que passaram pelo processo de anonimização de forma irreversível, não são considerados dados pessoais, portanto, não serão passíveis de portabilidade.

1.6.9 Informações sobre decisões automatizadas

Segundo a LGPD, o titular dos dados tem direito a solicitar a revisão de decisões tomadas com base em tratamento automatizado de dados pessoais que afetem seu interesse. Os limites desse direito ainda geram grande debate e nem sempre ficam claros para o titular. Eles devem ser esclarecidos pela ANPD. De um lado, deve haver respeito aos segredos comercial e industrial que podem estar embutidos nos algoritmos. Por outro lado, os segredos comercial e industrial não podem ser usados para afrontar os nossos direitos como titulares.

Há, na verdade, dois direitos interligados que visam proteger o titular contra vieses em decisões automatizadas: o direito à explicação e o direito à revisão.

Direito à explicação significa receber informações claras e suficientes que permitam ao titular dos dados entender a lógica e os critérios utilizados na decisão. Esse direito é sugerido no parágrafo §1º do artigo 20 da LGPD.

Direito à revisão significa que o titular pode requisitar que uma decisão automatizada, que tem impacto nos seus interesses, seja revisada por um ser humano. Esse direito é sugerido no *caput* do mesmo artigo 20 da LGPD.

1.6.10 Peticionamento junto às autoridades competentes

Todos esses direitos listados podem, e devem, ser exercidos diretamente com as empresas. No entanto, um dos direitos mais temidos pelos agentes de tratamento é o de peticionamento junto a autoridades competentes. Isso significa que, se o titular entender que o canal direto com a empresa não atendeu a seus direitos, ele também tem o direito de peticionar, contra as empresas, perante a autoridade nacional e o órgão de proteção ao consumidor.

Isso porque, além da ANPD, o PROCON atua como órgão complementar à aplicabilidade da LGPD, podendo assim notificar as empresas por descumprimento às exigências trazidas pela lei.

1.7. Bases legais

As justificativas legais de tratamento de dados pessoais, ou bases legais de tratamento, devem ser utilizadas e alteradas à medida que o dado cumpre a finalidade ou necessidade do negócio.

A aplicação dessas justificativas, por muitas vezes, sofre mudanças à medida que o dado passa pelo processo de tratamento. Vamos a um exemplo: os dados pessoais de um funcionário inicialmente são coletados para a sua admissão. Após a decisão de contratação, suas informações serão utilizadas para gerar sua folha de pagamento, análise e registro de ponto, compartilhamento com entes públicos, dentre outras ações. Após a rescisão desse contrato, essas informações ainda serão guardadas para cumprir exigências legais ou a critério do controlador. Em cada uma dessas situações o dado pode ser o mesmo, mas a necessidade de negócio e a base legal que justifica o tratamento podem ser diferentes. Para que se esteja em conformidade com a legislação, a cada ato realizado com o dado pessoal é necessário que se tenha uma justificativa legal documentada. Em alguns casos, mais de uma base legal justifica o tratamento.

A seguir vamos compreender cada uma das bases legais, para que possamos, no momento certo, realizar sua aplicação.

1.7.1 Consentimento

O consentimento é uma das bases legais mais comentadas. Algumas pessoas mais desavisadas acreditam até que ele é a única base legal e que pode ser usado universalmente. Isso é um erro. Além de existirem outras bases, por vezes mais adequadas, há, na verdade, exigências em sua aplicação. Ele deve cumprir com os requisitos de livre manifestação e informação sobre como se dará o tratamento, de forma que não reste dúvidas ao titular. Isso porque um vício de consentimento anulará o ato, não sendo possível a realização do tratamento conforme desejado.

Um vício pode ser identificado de diversas formas, mas o mais comumente identificado é na possibilidade de a finalidade e a necessidade informadas ao titular, no momento da coleta, serem alteradas no processo de tratamento e não se tenha informado ao titular.

Outro caso bastante simples de identificação de vício, e que torna o consentimento nulo, pode ser identificado quando, no processo de coleta, a justificativa é genérica, não clara, inequívoca, enganosa ou abusiva para o titular. Também existe o vício quando o processo de consentimento dificulte o entendimento do titular ou prejudique, de alguma forma, a sua tomada de decisão. Outro ponto de atenção são as assimetrias na relação, como no caso de patrão/empregado. Esses são casos em que pode ser interpretado que o consentimento não foi livremente dado, por isso o consentimento não deve ser cogitado para essa relação.

Nessa questão de existência de vício, o ônus da prova é do controlador. Por isso é tão importante o respeito ao critério de coleta dessa manifestação de vontade.

O consentimento poderá e deverá ser fornecido por escrito ou por outro meio que demonstre a manifestação de vontade do titular, como em um site. No caso de ele ser fornecido por escrito, esse deverá constar de cláusula destacada das demais cláusulas contratuais.

Caso, após ter obtido o consentimento inicial, o controlador identifique a necessidade de compartilhamento ou comunicação dos dados coletados, será necessária a coleta de novo consentimento, que não anulará o primeiro, para que esse ato seja realizado, com exceção dos casos de dispensa previstos em lei. Um novo consentimento também é necessário quando nas transferências internacionais, mas esse caso deve ser previamente informado ao titular, de forma clara e destacada.

Do mesmo modo, se houver mudanças da finalidade para o tratamento de dados pessoais não compatíveis com o consentimento original, o controlador deverá informar previamente o titular sobre as mudanças de finalidade, podendo o titular revogar o consentimento, caso discorde das alterações. Lembre-se de que, segundo a LGPD, o titular é o dono da informação, podendo fazer com ela o que entender.

No caso de dados tornados públicos pelo titular, não é necessário o consentimento, sempre observando os direitos dos titulares e demais princípios previstos em lei. Isso significa que essa dispensa não desobriga aos agentes de tratamento a conformidade com as demais exigências legais.

Além do cumprimento de todos os critérios já elencados, quando falamos dos menores de idade ou relativamente e absolutamente incapazes, há a necessidade do cumprimento de diversos requisitos adicionais. Isso porque eles não assumiram sua capacidade plena em termos de manifestação da vontade. Dessa forma, a ação de consentimento deve ser atribuída a pais ou responsáveis.

Ainda assim, o consentimento desses menores, ou, como o correto, de seus responsáveis, deve ser coletado de forma específica e em destaque, ao menos por um representante, devendo ser verificadas a relação e a autenticidade do titular.

A coleta de dados sem consentimento poderá ocorrer somente no caso de necessidade de contato com o pai ou responsável que concede o consentimento para que o tratamento seja realizado. Porém, deve-se levar em consideração que esses dados coletados só poderão ser utilizados uma única vez, portanto não poderão ser armazenados.

1.7.2 Cumprimento de obrigação legal ou regulatória

O controlador poderá ainda utilizar como justificativa legal outras leis ou regulamentos. Isso porque, além de, em nosso ordenamento jurídico, já estar previsto que ninguém poderá alegar a falta de conhecimento da lei, uma legislação não deve anular a outra, apenas complementá-la. É nesse sentido que esta base legal se aplica. Conflitos legislativos ou regulamentares poderão ocorrer ao longo do tempo, porém deverá ser aplicado o bom-senso, além de corrigidas, quando necessário, essas oposições.

1.7.3 Execução de contrato

O ordenamento jurídico brasileiro, principalmente no código civil, que regula as relações pessoais, determina que um contrato é baseado na manifestação da vontade das partes. Quando nos referimos à base legal "execução de contrato", estamos falando exatamente sobre esse acordo entre as partes. Neste caso, é fundamental verificar qual a relação do titular com aquele documento.

Essa base legal é muito confundida com o consentimento, que também é baseado na autorização do titular, porém, neste caso, há mais do que o consentimento expresso e específico. Quando falamos de contratos, para que ele esteja em conformidade com LGPD é necessário que se cumpram outros requisitos, como: a identificação do controlador e do operador, quais as responsabilidades de cada um nessa relação, principalmente quando se trata de compartilhamento de dados entre terceiros e transferência internacional, cláusulas de segurança da informação, controle de acesso, confidencialidade, duração do tratamento, procedimento de atendimento aos direitos dos titulares, procedimento envolvendo violação de dados pessoais, entre outros. Outro ponto de diferenciação entre essas bases legais é a revogação. Um contrato pode ser firmado com data determinada ou não, somente podendo ser revogado mediante o descrito nas cláusulas do documento. Já o consentimento pode ser revogado a qualquer tempo.

Além de tudo isso, torna-se primordial a análise da necessidade de envolvimento dos dados pessoais naquela relação. Isso porque, por anos, desenvolvemos contratos com vários dados sem nem compreender qual a necessidade de dispor sobre aquela informação.

Note que nem sempre que uma relação é definida por um contrato a base legal será a sua execução. Talvez exista uma base legal melhor. Além disso, quando os dados são também usados para outra finalidade, será necessário buscar outra base legal para esta. Não podemos esquecer que, em caso de tratamento de dados pessoais sensíveis, será necessário que se tenha uma base legal específica para tal ato.

1.7.4 Exercício regular de direitos em processo judicial, administrativo ou arbitral

Não é de hoje que ouvimos que nossas relações estão cada vez mais judicializadas e que nosso sistema jurídico está atolado com processos infundados. De todo modo, muitas vezes é necessário que o tratamento de dados pessoais seja realizado para essa finalidade. Caso isso não fosse permitido, estaríamos diante de um cerceamento ao direito de defesa autorizado por lei.

Não é necessário que se trate de uma execução judicial para que esta base seja aplicável. Em qualquer processo judicial, administrativo ou arbitral, a preparação de provas pode exigir que se retenham dados pessoais em prazos acima dos normais, exigidos por lei.

É por meio dessa base legal que, muitas vezes, serão armazenados dados para a defesa do controlador diante de requisições da ANPD e na resolução de litígios referentes à própria LGPD.

1.7.5 Proteção da vida ou da incolumidade física

Também utilizada para substituir o consentimento, mesmo quando se refere ao tratamento de dados pessoais sensíveis, a base legal de "proteção à vida ou da incolumidade física" do titular tem aplicabilidade bem limitada. Entende-se que, para que possa ser utilizada, deve respeitar os interesses do indivíduo para resguardar sua existência.

Ela vem servindo de base para o controle de pandemias, anúncio de pessoas desaparecidas, entre outros fins humanitários e emergenciais.

1.7.6 Tutela da saúde

Você pode se perguntar se há alguma base legal exclusiva e a resposta está aqui. A tutela da saúde é para uso exclusivo dos profissionais de saúde, serviços de saúde ou autoridade sanitária. Ela pode ser utilizada para justificar o tratamento de dados pessoais sensíveis, nos casos em que não for possível solicitar o consentimento do titular.

É claro que, para que esta exceção possa ser aplicável, a lei prevê que os controladores não poderão compartilhar essas informações para fins econômicos, ou seja, obter lucro na difusão de dados sensíveis com terceiros, exceto nas hipóteses relativas a:

- prestação de serviços de saúde;
- de assistência farmacêutica;
- de assistência à saúde, incluídos os serviços auxiliares de diagnose e terapia em benefício dos interesses dos titulares de dados;
- para permitir a portabilidade de dados quando solicitada pelo titular; ou
- permitir as transações financeiras e administrativas resultantes do uso e da prestação dos serviços citados.

A amplitude na interpretação do termo "profissionais da saúde" vem gerando uma série de discussões, por isso aguarda-se uma definição ainda não divulgada pela Autoridade Nacional de Proteção de Dados.

1.7.7 Proteção do crédito

Reforçando o previsto no artigo 43 do Código de Defesa do Consumidor e na Lei do Cadastro Positivo, a base legal de proteção ao crédito não deve ser vista como exclusiva para a análise de adimplentes e inadimplentes prevista nas legislações citadas. Isso porque é entendida como uma forma de facilitar a concessão de crédito e impulsionar o mercado de consumo.

Em certos títulos acadêmicos e profissionais esta base é muito citada para fundamentar a análise e formação do *score* de crédito – sistema utilizado pelas instituições que operam com relações creditícias através de uma pontuação desenvolvida pelas relações de pagamento – e a análise de risco. Neste caso, a empresa deverá atentar para o fato de que o sistema de *score* pode ser alvo de questionamentos pelos titulares em razão da automatização do resultado.

Mais uma vez, a aplicabilidade desta base legal deve vir acompanhada da análise do restante das exigências trazidas por lei, ressaltando o direito do consumidor e titular à transparência de como esse dado será tratado e a finalidade desse tratamento.

1.7.8 Legítimo interesse

Chegamos à base legal de maior confusão por sua extensa aplicabilidade. A LGPD, em seu artigo 7º, define que o tratamento de dados pessoais pode ser feito, quando necessário, para atender aos interesses legítimos do controlador ou de terceiros. Isso parece liberar o uso de dados pessoais. No entanto, logo a seguir, a lei acrescenta que isso é limitado pelos direitos e liberdades fundamentais do titular. No fundo, esta base é a manifestação do princípio da boa-fé.

Para que esta base seja usada, o tratamento deve servir claramente ao interesse do controlador (ou de um terceiro), para finalidades legítimas, analisadas em casos concretos [3].

Embora existam casos em que o controlador pode usar os interesses de uma terceira parte como fundamentação do legítimo interesse, os interesses do operador, enquanto tal, não justificam esta base. O operador não deve ter interesses autônomos no tratamento. Por outro lado, o lucro do controlador é um interesse legítimo. Isso porque, em seu artigo 2º, a LGPD define como fundamento o desenvolvimento econômico e a livre iniciativa e concorrência. E sabemos que a razão de ser essencial de uma empresa é a obtenção de lucro.

O significado de finalidade legítima é simples. O uso do dado deve se submeter à lei e ao bom senso. Não é necessário que a finalidade seja ditada por uma lei, mas ela não pode contrariar nenhuma norma. Assim, por exemplo, tratar os dados de um menor de 16 anos em um contrato de trabalho não atende ao interesse legítimo porque a Constituição proíbe menores de 16 anos de trabalhar, exceto como aprendizes.

Finalmente, existe a necessidade de se analisar o legítimo interesse na condição concreta. Somente a análise da situação específica permite inferir as expectativas das partes envolvidas, em especial do titular.

Sem essas três condições, não é possível nem pensar em legítimo interesse, mas a análise não acaba aí. O artigo 10º da LGPD, a seguir, pode ajudar um pouco. Ele fala, por exemplo, que a promoção das atividades do controlador é, em princípio, um interesse legítimo. No entanto, a lista deste artigo não é rol taxativo, que esgota as possibilidades de interpretação, mas um rol exemplificativo, que mostra alguns exemplos, mas deixa em aberto que outros casos possam ser aplicáveis.

> Art. 10. O legítimo interesse do controlador somente poderá fundamentar tratamento de dados pessoais para finalidades legítimas (teste de finalidade), consideradas a partir de situações concretas, que incluem, mas não se limitam a:
>
> I – apoio e promoção de atividades do controlador; e
>
> II – proteção, em relação ao titular, do exercício regular de seus direitos ou prestação de serviços que o beneficiem, respeitadas as legítimas expectativas dele e os direitos e liberdades fundamentais, nos termos desta Lei.
>
> § 1º Quando o tratamento for baseado no legítimo interesse do controlador, somente os dados pessoais estritamente necessários para a finalidade pretendida poderão ser tratados.
>
> § 2º O controlador deverá adotar medidas para garantir a transparência do tratamento de dados baseado em seu legítimo interesse.
>
> § 3º A autoridade nacional poderá solicitar ao controlador relatório de impacto à proteção de dados pessoais, quando o tratamento tiver como fundamento seu interesse legítimo, observados os segredos comercial e industrial. [4]

O RGPD estabelece um teste de três partes que pode ajudar na interpretação da LGPD:

- **Teste de objetivo**: você está perseguindo um interesse legítimo quando trata estes dados? Este teste materializa os três requisitos que listamos antes.
- **Teste de necessidade:** o processamento é necessário para tal? Este teste valida o anterior. Ele lembra que, como sempre, o processamento real deve estar compatível com as justificativas dadas. Mas vai um pouco além. Este teste define que você não pode usar interesses legítimos se houver outra maneira razoável e menos intrusiva de obter o mesmo resultado, ou algo próximo.
- **Teste de equilíbrio:** os interesses do titular se sobrepõem ao interesse legítimo? Este teste lembra que os interesses legítimos do controlador devem sempre ser analisados contra os direitos e liberdades dos titulares. Isso inclui o direito de não ser incomodado. O equilíbrio deve ser pensado no caso concreto, mas não se pode justificar, por exemplo, o uso de dados sensíveis via legítimo interesse.

Vamos dar um exemplo, mas lembre-se de que o legítimo interesse não pode ser analisado em abstrato, coisa quase inevitável em exemplos hipotéticos. Uma campanha de marketing direto pode ser justificada por legítimo interesse. Em primeiro lugar, a divulgação da empresa é um interesse do controlador que não contraria nenhuma lei. Este seria o primeiro teste. Para o teste de necessidade precisaríamos analisar se esta campanha traria resultados significativamente superiores a outras alternativas de marketing. Finalmente, precisamos analisar o equilíbrio de interesses. É verdade que o titular pode se interessar pelos serviços do controlador e isso é um benefício para ele. Mas também há o incômodo de receber e-mails não solicitados. Para melhorar o equilíbrio, a campanha deveria ser desenhada de forma discreta, transparente e com um *opt-out* muito claro. Mas lembre-se de que melhor ainda seria pegar o consentimento do titular para esse tratamento quando se coletou o dado.

Devemos lembrar, contudo, que este teste de três partes é uma prática europeia ainda sem histórico no Brasil. Para garantir, tenho meu próprio procedimento. Costumo utilizar a seguinte tática para aplicar esta base legal. Primeiro separo o consentimento e o legitimo interesse, deixando-os de lado, e analiso, uma a uma, as outras bases legais. Se nenhuma se encaixar, verifico se é possível solicitar o consentimento. Caso não seja, verifico a aplicabilidade dos princípios listados na seção 1.4. A ideia é fazer uma dupla verificação, tendo certeza da legitimidade do ato e do cumprimento de finalidade, necessidade e conformidade exigidos quando aplicamos essa base legal.

1.8. Registro das operações de tratamento de dados

Muitas pessoas acreditam que para se estar adequado à LGPD basta implementar certas ações de segurança e governança geral. Essas coisas são necessárias, mas não suficientes. Existem algumas exigências específicas que precisam ser atendidas. Dentre elas, existe a criação de um banco de dados, definido pelo artigo 37 da Lei Geral de Proteção de Dados, conhecido em língua inglesa como *Record Of Processing Activities* (ROPA) e que traduzimos neste livro como Base de Informações de Operações de Tratamento (BIOT).

O BIOT é uma ótima prática para a análise no processo de tratamento de dados pessoais. Isso porque você passa a documentar como os processos são efetuados e como você realizou a adequação à LGPD.

Este é um dos documentos de comprovação de regularidade com a lei e que demonstram que há uma estrutura de governança de dados pessoais elaborada e seguida pelo agente de tratamento. Seu formato exato não está determinado de forma expressa, mas sua existência é exigida pela lei. Na seção 3.5 oferecemos nossa interpretação de como um BIOT simples pode ser criado.

Além de cumprir uma exigência legal, o BIOT auxilia grandemente a empresa a elaborar outros documentos, como o próprio Relatório de Impacto à Proteção de Dados. Isso porque o relatório deve demonstrar como os dados são tratados, desde a coleta até a eliminação, como é realizado o cumprimento dos princípios exigidos por lei e quais bases legais aplicadas. Tudo isso deve estar no BIOT e pode ser extraído dessa base.

1.9. Segurança

A LGPD é uma lei altamente multidisciplinar, envolvendo várias áreas da organização. No entanto, duas áreas com frequência tomam o papel de promotoras da lei. Uma delas é a área jurídica. Afinal, trata-se de uma obrigação imposta à empresa, sob pena de sanções. A outra área é a segurança da informação. Isso por causa da exigência de respeito aos princípios de integridade, disponibilidade e confidencialidade. Embora o escopo da lei se estenda para além do que é o papel de segurança da informação, não é exagero dizer que sem segurança não há privacidade.

Está cada vez mais difícil encontrar pessoas que armazenam seus dados fora dos sistemas de nuvem, ou que utilizam sistemas analógicos, como a ligação telefônica, para realizar suas comunicações, ou que assinam documentos por meios tradicionais, com autenticação cartorária. Por essas, dentre outras razões, a segurança de informação tem assumido seu papel na área de proteção de dados.

Para compreender a estrutura de SI (Segurança da Informação), é necessário compreender o que se visa quanto à garantia da integridade, confidencialidade, autenticidade e disponibilidade das informações.

- **Integridade** – A manutenção da integridade compreende garantir a não violação do *status quo* do dado ou da informação, deixando-o fiel ao incialmente armazenado ou transmitido. Isso não quer dizer que a informação não possa sofrer alterações, mas estas devem ser legítimas. Em alguns casos, essa garantia inclui que sejam realizados registros para o acompanhamento das alterações, tornando-as rastreáveis para fins de manter a conformidade da informação.
- **Confidencialidade** – Ligada diretamente ao controle de acesso, a confidencialidade visa assegurar acesso exclusivo de quem detém autorização prévia à informação. Em outras palavras, a informação não estará disponível ou será divulgada para indivíduos sem autorização.
- **Autenticidade** – Algumas vezes confundida com a integridade, a autenticidade visa, principalmente, garantir que a informação seja proveniente da fonte anunciada. Alguns têm uma interpretação mais ampla, incluindo a garantia da veracidade das informações e das pessoas que ou têm acesso ou que são os titulares dessas informações. É por meio da verificação de autenticidade de um usuário que se permite seu acesso, ou da autenticidade do titular que

se fornece o atendimento às solicitações de esclarecimento de tratamento de dados pessoais.

- **Disponibilidade** – Consiste em manter o acesso às informações sempre que necessário. Imagine um registro guardado a sete chaves, mas que ninguém sabe como acessar, tornando-o indisponível? Manter os dados disponíveis para o cumprimento de uma finalidade e/ou necessidade é fundamental para o sistema de segurança da informação. Manter a disponibilidade pressupõe garantir a prestação contínua do serviço, sem interrupções no fornecimento de informações para quem é de direito.

Agora que compreendemos os objetivos básicos de um sistema de SI, passamos a entender sua importância. Uma informação em mãos erradas, que podem agir de má-fé, tornando-a indisponível ou deturpando sua origem e veracidade, pode prejudicar tanto uma empresa, seja na sua imagem ou no desenvolvimento empresarial, como uma pessoa, envenenando sua moral ou fraudando seus aspectos individuais. Em se tratando de uma lei que visa proteger a privacidade do titular, a aplicação de mecanismos de segurança torna-se fundamental para zelar por esse respeito.

Há muitos anos o mercado tem utilizado como guia para obter conformidade em segurança de informação as normas ABNT/ISO, em especial as normas da família ISO 27000. É útil conhecer as seguintes normas:

- ISO 27001 – Requisitos para sistemas de gestão da segurança da informação.
- ISO 27002 – Práticas para proteção de informações de identificação pessoal (PII) em nuvens públicas que atuam como processadores de PII.
- ISO 27003 – Orientações para sistemas de gestão da segurança da informação.
- ISO 27004 – Monitoramento, medição, análise e avaliação para sistemas de gestão da segurança da informação.
- ISO 27005 – Gestão de riscos de segurança da informação.
- ISO 27701 – Extensão da ISO 27001 e ISO 27002 para gestão da privacidade da informação.

No entanto, vale lembrar que a adequação às normas ISO não faz parte do atendimento ao princípio da conformidade previsto na LGPD. Você não é obrigado a obter uma certificação ISO e é possível que, por exemplo, uma auditoria da ANPD veja problemas em sua empresa, mesmo que ela siga as normas ISO. Em especial, a norma ISO 27701 apenas estende as normas de segurança de informação para cobrir aspectos de gestão da privacidade. Em muitos casos, esse caminho não vai ser o mais adequado para a empresa e pode gerar *gaps* importantes. Tendo dito isso, pode ser de grande auxílio no desenvolvimento do programa de adequação de privacidade quando a empresa já tem preocupação com segurança de informação seguindo a família 27000. Lembramos que não basta a criação de políticas ou documentação usando boas práticas. São necessárias execução e conformidade com o que foi documentado.

O acompanhamento por um profissional especialista em segurança seria o ideal; contudo, sabe-se que nem sempre é possível. Por isso a segurança da informação pode ser pautada apenas no uso das normas como guia para os profissionais disponíveis.

1.10. Governança de dados pessoais

A governança de dados pessoais é o conjunto de processos, normas e classificações que estruturam um sistema organizado de tratamento de dados pessoais.

O objetivo desse sistema é facilitar a extração de informações sobre os dados pessoais sempre que houver necessidade, como no atendimento ao titular, no tratamento de incidentes ou no atendimento à Autoridade Nacional de Proteção de Dados Pessoais.

Existem dez pontos que precisam ser levados em conta para um sistema de governança de dados pessoais completo. Eles estão colocados na Figura 1.1. Veremos cada um deles a seguir.

Figura 1.1 – Modelo de sistema de governança de dados pessoais.

Independentemente do foco da estrutura de governança, o primeiro ponto a ser analisado é a legislação externa. Afinal, é fundamental que possamos compreender as exigências externas de conformidade, para que se possa analisar quais pontos precisarão sofrer ajustes na implementação do sistema de governança.

Nesse primeiro ponto não estamos tratando apenas da lei vigente em nosso país, mas também buscando boas práticas sugeridas pelos órgãos setoriais, associações e demais regimentos e instruções construídas com a finalidade de regular o tratamento de dados pessoais com respeito ao titular. Uma seguradora, por exemplo, não pode olhar somente a LGPD ou as determinações da ANPD, mas também tem que seguir portarias da SUSEP.

O segundo ponto é a definição dos objetivos que se tem para a implementação da adequação. Isso servirá como norte para todo o processo. A definição dos objetivos, além de servir como norteador, fortalece a estrutura a ser implementada, sendo buscada sempre que houver dúvidas. Os objetivos elencados servirão de fonte na falta de uma norma ou legislação específica para problemas práticos em análise.

O ponto três a ser verificado trata dos envolvidos. Uma vez que estamos falando da implementação da lei brasileira, como exigência legal estes incluem, primeiramente, o encarregado de proteção de dados. Posteriormente deve haver o envolvimento da alta administração, que, além de prover o suporte necessário, também estará comprometida no processo decisório sobre os investimentos necessários, sobre o direcionamento quanto aos valores éticos da empresa e sobre a análise de risco. A participação dos gestores e colaboradores tem um valor ainda maior, pois eles são os que mais conhecem a operação e o tratamento de dados realizados até o momento, bem como serão os que mais sofrerão os impactos das alterações trazidas pela implementação do programa. *Stakeholders* externos como fornecedores, parceiros e clientes também participarão, mesmo que de forma indireta, tendo em vista que poderá haver a necessidade de eles precisarem se adequar às mudanças.

O envolvimento desses *stakeholders* auxilia na identificação dos setores da empresa e em uma primeira classificação deles por criticidade. O critério de criticidade deve ser o tipo do dado, que veremos a seguir.

O item cinco lembra que é necessário o mapeamento dos processos e a classificação dos dados pessoais, quais sejam:

- Dados pessoais sensíveis
- Dados pessoais identificados
- Dados pessoais identificáveis
- Dados anonimizados

Além dos critérios citados, é possível incluir outros, como dados de funcionários e dados de fornecedores.

Os processos devem ser mapeados de forma a evidenciar o ciclo de vida dos dados pessoais. Afinal, o foco da LGPD são as operações de tratamento do dado. É importante documentar bancos de dados e sistemas, bem como as interfaces entre esses sistemas e bancos.

O sétimo ponto é a documentação do tratamento dessas informações pela corporação, seja através da criação de normas/políticas internas ou manuais de procedimento. Essa documentação inclui o BIOT, citado anteriormente, o formato e a forma de geração do RIPD, o próprio RIPD, políticas de segurança da informação, retenção de dados, classificação de riscos, dentre outros.

Outro ponto de atenção é a análise e gestão do acesso ao dado pessoal por funcionários e colaboradores e seu compartilhamento ou transferência para outras entidades, incluindo governo.

O próprio dado pessoal também deve ser analisado do ponto de vista da sua qualidade. Aqui, o principal critério é o da minimização, ou seja, os dados tratados devem ser os mínimos necessários para os objetivos da organização. Outro é o da sua atualização. Há outros critérios que podem ser vistos na seção sobre *Privacy by Design* (seção 3.4.3).

Finalmente, é necessário incluir a governança de segurança de informação como parte da governança de privacidade. São necessárias a documentação e a análise dos sistemas de segurança implementados, bem como a estrutura de controles de acesso a informações, verificando vulnerabilidade e realizando todos os ajustes necessários para não colocar em risco as informações que estão sob custódia da empresa.

Todos esses aspectos são vivos e precisam ser mantidos atualizados. É necessário um constante alinhamento desse sistema com as regras e os objetivos corporativos, bem como as normas e os regimentos desenvolvidos pelos setores do mercado. Além disso, não pode ser uma mera letra morta. O sistema tem que ser incorporado nos próprios processos da organização.

1.11. LGPD – Sanções administrativas

Uma das funções da ANPD é aplicar sanções em caso de tratamento de dados em descumprimento à LGPD. As sanções são aplicadas a partir de 01 agosto de 2021, mas há algumas menções por diretores da autoridade reguladora que elas poderão ser aplicadas olhando o passado da empresa.

Em um primeiro nível, a empresa pode ser advertida, recebendo um prazo para providências. Em alguns casos, a autoridade pode definir que a violação seja publicada para a sociedade. De qualquer forma, sempre que houver uma violação de dados pessoais que possa causar algum dano aos titulares, a informação da violação, em si, já precisa ser publicada, conforme determina a lei.

Outra possível sanção é o bloqueio temporário do uso do banco de dados relacionado com um incidente de privacidade, até a regularização. Em casos extremos, a Autoridade Nacional de Proteção de Dados pode entender que é necessário que a empresa perca permanentemente o acesso à informação, determinando a eliminação desse banco de dados.

Finalmente, e de forma independente das sanções anteriores, existe a possibilidade de multa. A multa tem, como base legal, 2% do faturamento anual da empresa, com o teto de 50 milhões de reais por infração. Dessa forma, é possível que, se ocorrerem três incidentes de segurança na empresa no mesmo dia, três multas diferentes sejam aplicadas.

É importante ressaltar que estas são sanções administrativas. O titular pode, também, recorrer ao judiciário para exigir seus direitos. Ele também pode buscar outros órgãos, como o Procon e o Ministério Público.

2. Agilidade

2.1. A história até aqui

Há pouco mais de 100 anos, o sociólogo alemão Max Weber (1864-1920) publicou um artigo em que tentava entender a forma mais racional e eficiente pela qual qualquer atividade humana poderia ser organizada. Em sua visão, processos sistemáticos e bem documentados, bem como hierarquias organizadas com papéis rígidos, proviam essa forma. Nesse sistema, as pessoas deveriam seguir regras fixas e pouco ou nada deveria ser deixado para decisão individual. O título deste artigo é 'Burocracia'. Hoje este termo está longe de ser identificado como caminho de eficiência. Apesar disso, modelos burocráticos de gestão ainda são muito adotados pelas organizações. No entanto, já na década de 1950 modelos alternativos, como o Sistema Toyota, já desafiavam a ideia de que planejamentos rígidos e controles documentais eram necessários para uma gestão profissional.

Quando focamos especificamente na gestão de projetos, a tendência de metodologias baseadas em planejamento rígido, especificação detalhada antes de qualquer execução e documentação rica é questionada pelos chamados métodos ágeis. O método tradicional para gerenciamento de projetos é o *waterfall* ou cascata. Em um modelo em cascata temos várias fases, onde cada fase sucede à anterior, sendo que a saída de uma fase é a entrada da fase seguinte. Este modelo parece ser adequado a uma certa gama de projetos, mas, em certos casos, ele se mostrou extremamente ineficiente.

O movimento ágil foi criado em fevereiro de 2001, na estação de esqui Snowbird, nas montanhas de Utah (EUA), onde 17 executivos se reuniram para conversar, esquiar, relaxar e encontrar um terreno comum para aumentar o sucesso de projetos de desenvolvimento de software.

O resultado dessas reuniões foi o reconhecimento de que diversas abordagens (tais como *Extreme Programming*, *Scrum*, DSDM – *Dynamic System Development Model*,

Crystal, FDD – *Feature-driven Development*) que foram criadas para incrementar os resultados dos projetos de desenvolvimento de software tinham uma raiz comum. Muito embora essas abordagens fossem bastante diferentes, algo as unia: estruturas leves com resultados rápidos e com a colaboração de todos os envolvidos. Ou seja, todas as abordagens tinham a intenção de criar projetos que fossem ágeis, o que acabou sendo a denominação do conjunto de abordagens. Desde então, esse grupo de pessoas se autodenominou 'Aliança Ágil'. Durante seu tempo esquiando, conversando e se divertindo nas montanhas de Utah, eles criaram o chamado 'Manifesto Ágil para o Desenvolvimento de Software', que veremos mais adiante.

Metodologias ágeis estão tendo muita visibilidade. Poderíamos dizer que elas seriam como um guarda-chuva que comporta diversos termos. *Scrum*, *Kanban* e *Extreme Programming* são algumas das estruturas que estão sob o guarda-chuva das metodologias ágeis. Todos os artigos de gerenciamento de projetos e gerenciamento em geral têm estas palavras destacadas, sendo que a cada dia mais expressões ligadas ao movimento ágil são somadas às já existentes. Apresentaremos os principais conceitos por trás dessas palavras a fim de tornar o seu entendimento mais palatável e seus conceitos fáceis de ser aplicados.

Ágil é uma mentalidade. É um conjunto de valores e princípios. Ágil é uma maneira de pensar e agir. Ágil diz respeito a ciclos curtos, entregas iterativas e incrementais, resolução rápida de problemas, estímulo aos *feedbacks*, entrega de valor de negócios aos clientes e é focado nas pessoas, na colaboração e na interação. Ágil é uma mentalidade que prioriza transparência, inspeção e adaptação.

Desde o lançamento do manifesto, as metodologias ágeis não só contribuíram para o gerenciamento de projetos de TI, como também permearam projetos não TI ou não software. A verdade é que muitas ideias interessantes em metodologias ágeis vêm de fora deste mundo de TI e afins.

Por exemplo, o termo *Scrum* – oriundo de uma estratégia de jogo utilizada no rúgbi – foi cunhado no desenvolvimento de produtos, onde era comumente usado, antes de ser adotado e usado fortemente na indústria de desenvolvimento de software.

Os métodos *Lean* e *Kanban* foram usados para gerenciar linhas de produção na indústria automobilística, especialmente na Toyota, que foi pioneira nesse método ao estudar supermercados.

Faz sentido, então, que eles também possam ser aplicados em outros lugares. Se uma equipe estiver trabalhando na indústria da criação (comunicação, design ou uma agência de propaganda, por exemplo), ou em um departamento de marketing ou mesmo gerenciando programas em uma instituição governamental, metodologias ágeis podem definitivamente ser aplicadas para a vida profissional.

2.2. Manifesto Ágil

O Manifesto Ágil consiste em quatro valores importantes, como mostrado na Figura 2.1 a seguir. A maneira de ler o Manifesto Ágil não é que os itens do lado esquerdo não tenham valor algum, mas o movimento ágil valoriza mais os itens à direita.

Figura 2.1 – Manifesto Ágil

- **Valorizar indivíduos e interações** – Comunicação e colaboração são mais importantes do que ter todos os tipos de processos e ferramentas em vigor. Processos e ferramentas são importantes, mas serão muito mais valiosos se realmente derem suporte às equipes, para que elas possam entregar ótimos produtos. Do ponto de vista ágil, processos e ferramentas devem apoiar as pessoas no trabalho em conjunto e na entrega de valor aos clientes.
- **Produto funcionando** – O produto funcionando é muito mais importante do que documentação completa e abrangente, que pode contar com muitas páginas que nem sempre são lidas ou servem de referência para o produto final, com atualização custosa e pouco útil. Nos casos em que o produto final é fácil de usar, não há necessidade de ter um manual o acompanhando, por exemplo.
- **Colaboração do cliente** – A colaboração do cliente é mais valorizada do que a negociação de contratos. Muito embora isso possa parecer esquisito, dependendo da importância dada aos contratos – alguns muito volumosos

–, pode acontecer destes tomarem mais tempo do que a efetiva colaboração do cliente nas negociações. Nem sempre essa negociação é somente sobre preços, o que seria razoável dependendo do escopo do projeto, mas também há outros tomadores de atenção, como cronograma, custos e riscos. É muito mais importante estar buscando o apoio do cliente do que despender tempo e esforço na elaboração muito detalhada de contratos.

- **Responder a mudanças** – O Manifesto Ágil tem a ver com decisões ágeis, respostas ágeis, resultados ágeis, e isso tudo contrasta com planejamentos elaborados e difíceis de ser implementados. O ritmo atual é intenso e rápido, não havendo muito valor na criação de planos extensos para períodos muito à frente. O mais importante é responder às mudanças rapidamente.

2.3. Princípios do Manifesto Ágil

Complementando o Manifesto Ágil, a Aliança Ágil também definiu um conjunto de 12 princípios subjacentes, que fornecem orientação e explicação mais detalhada. Embora alguns princípios se refiram a projetos de software, eles podem facilmente ser adaptados a outros projetos:

- Satisfazer o cliente através da entrega adiantada e contínua de softwares valiosos.
- Aceitar as mudanças dos requisitos, mesmo que isso atrase o desenvolvimento. Processos ágeis aproveitam a mudança para a vantagem competitiva do cliente.
- Entregar software funcionando com frequência de algumas semanas a alguns meses, com preferência para escalas de tempo mais curtas.
- Gestores, executivos e desenvolvedores devem trabalhar juntos diariamente durante todo o projeto.
- Construir projetos em torno de indivíduos motivados, dando ambiente e o apoio que eles precisam, confiando em todos para fazer o trabalho.
- O método mais eficiente e eficaz de transmitir informações junto à equipe de desenvolvimento é a conversa presencial.
- O software funcionando é a principal medida de progresso.
- Processos ágeis promovem o desenvolvimento sustentável.
- Os patrocinadores, desenvolvedores e usuários devem ser capazes de manter um ritmo constante indefinidamente.
- A atenção contínua à excelência técnica e ao bom design aumenta a agilidade.
- Simplicidade: a arte de maximizar a quantidade de trabalho que não precisou ser feito é essencial.
- As melhores arquiteturas, requisitos e projetos emergem de equipes auto-organizadas. Em intervalos regulares, a equipe reflete sobre como se tornar mais eficaz, então sintonizam e ajustam seu comportamento para atingir as metas.

2.4. *Scrum*

Scrum é uma das estruturas sob o guarda-chuva ágil. Trata-se de uma estrutura leve para o desenvolvimento de produtos e serviços em ambientes complexos. Leve significa que consiste apenas de três papéis, três artefatos e cinco eventos, como mostra a Figura 2.2.

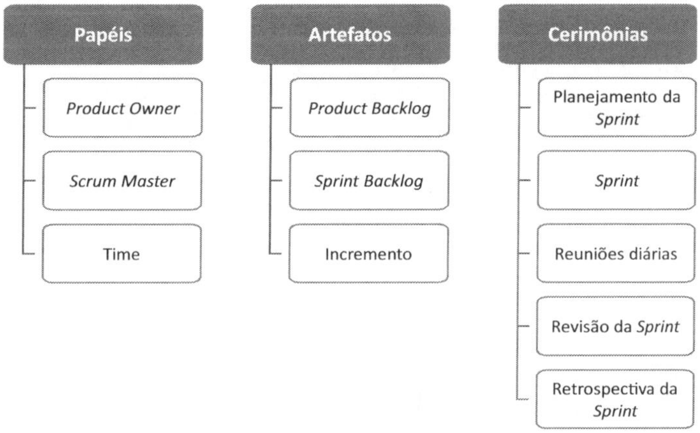

Figura 2.2 – Componentes do *Scrum*

Veremos alguns desses componentes em detalhes nas próximas seções, mas aqui daremos uma visão geral, resumida na Figura 2.3. *Scrum* é muito simples de entender. Na verdade, o essencial de *Scrum* pode ser encontrado no *The Scrum Guide* [5], um documento de apenas 14 páginas. Por outro lado, *Scrum* pode ser muito difícil de dominar.

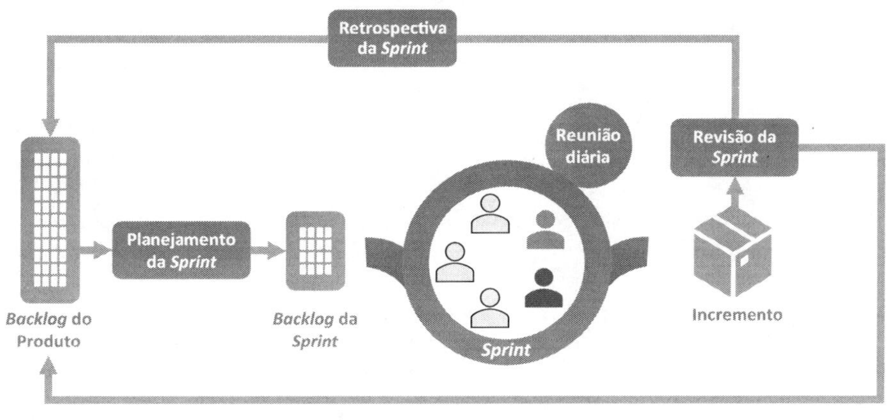

Figura 2.3 – Visão geral do *Scrum*

É importante deixar claro que *Scrum* não é uma metodologia fixa, mas um *framework* que pode ser modificado e adaptado para as necessidades da organização. De uma forma muito ampla, o primeiro passo é que um *Product Owner* defina o trabalho necessário para resolver um problema complexo em um *Backlog* do Produto. O segundo passo é que o Time transforme uma seleção escolhida desse trabalho em um incremento que gere valor. Isso é feito em um período curto de tempo chamado de *Sprint*. O passo final é que o Time, em conjunto com outras partes interessadas, inspecione esses resultados. Nesta etapa também são feitos ajustes para a próxima *Sprint*. Nesse momento o ciclo recomeça.

Detalhando um pouco mais, tudo começa com a criação e manutenção de um *Backlog* do Produto. Um *Backlog* do Produto é uma lista de novos recursos e características, mudanças em recursos e características existentes, correção de problemas ou outras atividades que uma equipe pode entregar para atingir um resultado específico ou resolver um problema.

A próxima etapa do ciclo é o planejamento da *Sprint*. Uma *Sprint* é um período de tempo fixo durante o qual um produto pronto, ou um incremento de um produto que gere valor, é criado. O planejamento da *Sprint* é a cerimônia que garante que a equipe esteja preparada para fazer o que deve ser feito em cada *Sprint*. Durante a *Sprint* são feitas reuniões diárias. Na reunião diária a equipe tem a chance de se reunir, planejar o dia de trabalho e identificar problemas que possam atrapalhar a sua evolução.

A Revisão da *Sprint* é uma reunião feita logo após o término do ciclo de uma *Sprint*. Ela é feita com o *Product Owner* e serve para validar se o que está sendo entregue atende realmente às necessidades do negócio. Finalmente, temos a reunião de Retrospectiva. Ela é feita apenas com os integrantes da equipe e serve para avaliar os prós e contras daquele ciclo do projeto. É aqui que são levantadas as lições aprendidas.

2.4.1 Papéis no *Scrum*

Existem apenas três papéis básicos no *framework Scrum*. Como *Scrum* é adaptável, outros papéis podem ser criados. No entanto, o espírito do que é *Scrum* deve ser preservado nesses três papéis.

A Equipe ou **Time *Scrum*** reúne as pessoas que, em última análise, estão comprometidas em criar incrementos úteis do produto a cada *Sprint*. As habilidades específicas para os componentes da equipe variam de acordo com o tipo de projeto. No entanto, suas responsabilidades sempre incluem:

- Seguir a definição de pronto estabelecida para cada aspecto do trabalho.
- Criar um planejamento para a *Sprint*, chamado de *Sprint Backlog*.
- Adaptar o seu planejamento diariamente, em direção à meta da *Sprint*.
- Cobrar uns dos outros uma atuação conforme sua responsabilidade como profissionais.

A Equipe *Scrum* deve ser, pelo menos em algum nível, autogerida e multifuncional. Uma equipe autogerida pode realizar tarefas de apoio, como planejamento e agendamento do fluxo de trabalho e gerenciamento de férias e ausências. Responsabilidades administrativas e técnicas podem ser alternadas entre os membros da equipe. Uma equipe multifuncional é organizada em torno da entrega do produto e deve incluir todas as competências necessárias para realizar seu trabalho, sem depender de outras pessoas que não fazem parte da equipe.

O ***Product Owner*** tem a responsabilidade final de maximizar o valor do produto do trabalho da equipe. Isso implica, entre outras coisas, na decisão do escopo do projeto e sua priorização. O *Product Owner* é um indivíduo e não um comitê. Ele deve aglutinar as necessidades de várias partes interessadas, mas quem desejar alterar o *Backlog* deve primeiro convencê-lo da necessidade. Isso significa que ele deve receber a autoridade quanto ao escopo. O *Product Owner* pode delegar parte de seu trabalho para outros. No entanto, ele permanece responsável. Por outro lado, ele deve estar envolvido diretamente no projeto. Um executivo que tem uma reunião por semana de uma hora sobre o projeto não pode ser um *Product Owner* efetivo. No geral, ele tem como responsabilidades:

- definir e comunicar o objetivo de negócio do produto do projeto;
- definir e comunicar claramente os itens que são incluídos no *Backlog* do Produto;
- aprovar a definição de pronto de cada item do *Backlog*. A definição de pronto é uma descrição formal que o incremento deve atingir para atender à qualidade necessária para o produto;
- gerenciar necessidades de mudança no *Backlog* e no produto;
- garantir que o *Backlog* do Produto seja transparente, visível e compreensível.

Scrum Master é o nome que se dá ao gerente do projeto *Scrum*. No entanto, ele tem responsabilidades especiais. Para começar, um *Scrum Master* deve atuar dentro do paradigma de um líder servidor. Além disso, ele tem a grande responsabilidade de garantir que os princípios *Scrum* sejam seguidos e que o *framework* seja corretamente adaptado. Quando a equipe tem dúvida de como o *Scrum* funciona, é ele que deve sanar. O *Scrum Master* serve tanto à equipe quanto ao *Product Owner*. Do ponto de vista da equipe, ele deve:

- treinar os membros da equipe em autogestão e funcionalidade cruzada;
- ajudar a equipe *Scrum* a se concentrar na criação de incrementos de alto valor. Esses incrementos devem atingir a definição de pronto estabelecida para cada item do *Backlog*;
- remover impedimentos ao progresso da Equipe *Scrum*;
- garantir que todas as cerimônias *Scrum* ocorram e sejam positivas e produtivas. Além disso, ele deve garantir que as cerimônias obedeçam ao tempo alocado para elas.

2.4.2 *Backlog* do Produto

Um dos papéis do *Product Owner* é transformar as necessidades dos clientes, através do *Backlog* do Produto, para uma linguagem compreensível para toda a equipe do projeto. O *Backlog* do Produto é uma lista ordenada do que é necessário para criar ou melhorar o produto. Como ocorre com a maioria dos aspectos da gestão ágil de projetos, haverá mudanças e flexibilidade é crucial. O *Backlog* do Produto está sempre em um estado flexível e se ajustando ao trabalho da equipe de desenvolvimento. Na melhor das hipóteses, isso significa que, durante o andamento do projeto, o *Backlog* do Produto poderá encolher, pois uma vez que uma tarefa é concluída, esta deve ser removida da lista de *Backlog* do Produto. Às vezes, no entanto, à medida que o projeto avança, novos itens são adicionados.

Em sua primeira versão, o *Backlog* pode ser pouco mais que uma lista de características que são desejadas no produto final. Paulatinamente, o *Backlog* do Produto é refinado de forma a aumentar sua clareza e seu nível de elaboração e detalhamento, bem como remover incertezas. Em sua forma mais simples, um *Backlog* do Produto é composto de histórias de usuário. Uma **história de usuário** é uma explicação geral e informal de um recurso ou característica do produto final, escrita sob o ponto de vista de um tipo de usuário. O objetivo é articular como uma característica do produto gera valor para um público-alvo. Esse público-alvo é representado por um personagem, um exemplo típico, ou arquétipo, desse grupo. Esse arquétipo é chamado de **persona**. Você pode usar nomes genéricos como 'cliente do restaurante' para uma persona, mas algumas equipes preferem inventar nomes. Assim, 'Adriana' poderia ser o nome de um cliente típico do restaurante.

Tradicionalmente, as histórias de usuário têm o formato: 'Como <persona>, eu quero <intenção> para <satisfação de uma necessidade>'. Assim, por exemplo, poderíamos definir, para um aplicativo de um restaurante, a história: 'Como Adriana, eu quero acompanhar o tempo previsto para a entrega para diminuir minha ansiedade e saber quando preparar a mesa'.

O *Backlog* pode ser organizado em temas. **Temas** são conjuntos de histórias de usuários que estão relacionadas de uma maneira lógica, podendo ser agrupadas. Os agrupamentos das histórias em temas relacionados são determinados pela meta dos negócios.

É usado o acrônimo **INVEST** para resumir as características de uma boa história do usuário:

- ***Independent*** **(Independente)** – A história deve ser independente no sentido de não exigir que o projeto seja implementado em uma ordem específica. Uma boa história é implementada na ordem que o usuário dá importância para ela, e não em uma ordem interna necessária. Apesar da definição de que as histórias devem ser independentes, muitas vezes não conseguimos evitar a dependência entre elas. Sendo assim, deve-se deixar a dependência visível entre as histórias.
- ***Negotiable*** **(Negociável)** – Uma história não é um contrato. O requisito deve permitir alterações, negociáveis pela equipe com o *Product Owner*, considerando possíveis mudanças. A história deve capturar a essência do requisito, mas ser maleável, permitindo mudanças durante o desenvolvimento do projeto.
- ***Valuable*** **(Valioso)** – Toda história deve garantir a entrega de um produto de valor para o cliente, garantindo o emprego do esforço da equipe para um resultado ótimo.
- ***Estimable*** **(Estimável)** – Para conseguir estimar o tempo a ser despendido no desenvolvimento do produto, precisamos saber o tamanho do produto, e para saber o seu tamanho precisamos ter histórias estimadas primeiro. As histórias precisam ser pequenas, mas claras e detalhadas o suficiente para que a equipe consiga estimar seu tamanho.
- ***Small*** **(Pequeno)** – Este critério está diretamente relacionado ao anterior. As histórias não podem ser muito grandes, tornando-as impossíveis de serem planejadas e priorizadas. As durações previstas para a implantação de uma história precisam ser menores que os prazos de execução de uma *Sprint*. Descrições muito grandes não serão histórias e sim épicos. **Épicos** são histórias de usuários grandes demais ou sem detalhes suficientes para ser possível mensurá-las.

- ***Testable* (Testável)** – O item deve fornecer as informações necessárias para ser possível definir como ele será testado. A história precisa ser descrita de tal maneira que a aderência entre a história e o produto possa ser mensurada facilmente.

Note que nem todos os itens do *Backlog* do Produto precisam passar no teste INVEST, mas somente aqueles que estão mais próximos do topo. Isso porque o *Backlog* não é algo que criamos e aperfeiçoamos de uma vez, antes de começar as *Sprints*. A Figura 2.4 mostra como funciona a evolução de um *Backlog* do Produto. Embora não seja uma das cerimônias básicas do *Scrum*, é comum que exista uma cerimônia chamada de Refinamento de *Backlog*, onde o *Product Owner* mantém o *Backlog* do Produto. Nessas cerimônias se realizam atividades como:

- Remoção de histórias de usuário e tarefas que não fazem mais sentido para o negócio.
- Adição de novas histórias de usuário que refletem a evolução do negócio e a compreensão das partes interessadas.
- Reordenação de histórias de usuários com base no entendimento atual de sua prioridade.
- Divisão de histórias de usuários muito grandes em histórias menores.
- Elaboração das histórias do usuário e definição das atividades que serão necessárias para sua implementação.
- Estimativa ou revisão de estimativas sobre o tamanho das histórias.
- Identificação de riscos e impedimentos das histórias.

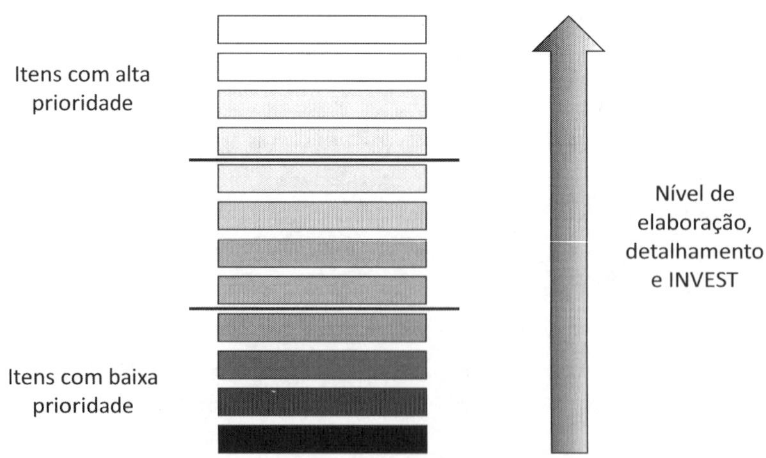

Figura 2.4 – *Backlog* do Produto

Assim como o INVEST é usado para avaliar as histórias, o acrônimo **DEEP** foi criado para resumir as características que um *Product Owner* deve buscar em um bom *Backlog* do Produto.

- **Detalhado** quer dizer que o *Backlog* do Produto deve ter detalhes suficientes para garantir clareza que propicie execução, mas não detalhes em demasia que gerem desperdício. A necessidade de profundidade no detalhamento é proporcional à emergência de uso do *Backlog*, ou seja, os itens que vão entrar nas próximas *Sprints* (mais emergentes) devem estar mais bem detalhados, enquanto os itens que vão entrar daqui a várias *Sprints* podem estar bem menos detalhados.
- **Estimado** quer dizer que todo item, quando chega a um nível de detalhamento suficiente, deve ter uma estimativa de esforço associada a ele. O *Backlog* não é apenas uma ferramenta de trabalho, mas de planejamento. Essa estimativa pode ser em horas, em pontos, em 'tamanho de camisa' (P, M, G, XG), sequência de Fibonacci (1, 2, 3, 5, 8, 13, 21, 34), ou o que se possa imaginar e que faça sentido para o time. Essa estimativa inclusive auxilia a entender se o nível de detalhes está bom o suficiente, pois, via de regra, itens de *Backlog* com uma estimativa muito alta deveriam ser quebrados em itens menores.
- **Emergente** quer dizer que o *Backlog* evolui conforme o *Product Owner* vai aprendendo sobre o produto e o público-alvo vai lhe dando *feedback* sobre o produto pronto até o momento. Ele não é estático. O constante refinamento do *Backlog* permite que o produto reaja bem a mudanças de estratégia e de escopo, em vez de se apegar a um planejamento feito meses antes. O segredo aqui é rever todo o *Backlog* em um ciclo "Construir-Medir-Aprender".
- **Priorizado** quer dizer que a ordem em que os elementos estão dispostos no *Backlog* importa. Os itens mais prioritários devem estar no topo, enquanto os menos prioritários devem estar mais abaixo. Os critérios e técnicas utilizados para priorização variam muito de *Product Owner* para *Product Owner*, de produto para produto e de negócio para negócio. Para o *Scrum*, não importa qual é a técnica; o importante é o resultado gerar valor para os clientes e para a empresa.

2.4.3 *Story points*

Dissemos anteriormente que toda história, ou pelo menos aquelas mais próximas do topo do *Backlog* do Produto, deve ser estimada em relação ao esforço que será necessário para implementá-la. Uma das formas mais comuns de estimar esse esforço é chamada de *story points*.

Um *story point* é uma medida relativa de esforço. Assim, não importa se três histórias recebem como pontuação 1, 3 e 5 ou 100, 300 e 500 ou mesmo 40, 120 e 200. O importante é que consideramos que a segunda história vai demandar um esforço três vezes maior que a primeira e que a terceira história vai demandar um esforço cinco vezes maior que a primeira e 5/3 da segunda.

Ao definir o esforço, a equipe deve considerar: (1) a quantidade de trabalho; (2) a complexidade desse trabalho; e (3) os riscos associados a esse trabalho. Digamos que o projeto é a construção de um sistema que funcionará na Internet. Analisemos a influência destas três dimensões.

Se uma página do sistema tem apenas três campos e outra tem 24 campos de entrada, a segunda página certamente reflete uma quantidade de trabalho maior, mesmo que a complexidade e o risco inerentes a cada campo sejam os mesmos. A única diferença é que há mais coisas a fazer, mas isso já influencia o esforço. Note que o fato de a primeira tela ter três campos e a segunda 24 não significa que o esforço da segunda é necessariamente oito vezes maior. Podem existir economias de escala.

Continuando com o mesmo exemplo, duas páginas podem ter a mesma quantidade de campos, mas em uma delas a complexidade é maior. Por exemplo, a primeira página pode ser composta somente de campos texto em que o usuário digita o que quiser. Na segunda, por outro lado, cada campo pode precisar ser validado por regras complexas. A equipe deverá alocar mais pontos para a segunda tela.

Risco está profundamente relacionado a incerteza. Assim, se uma história não estiver claramente delineada, o risco aumenta. Se existirem riscos tecnológicos, como o uso de ferramentas que a equipe não conhece bem ou interfaces com sistemas mal documentados, o risco também aumenta. Quanto mais risco, mais *story points* devem ser adicionados.

Dissemos que não importa qual pontuação cada história receba contanto que ela reflita a proporcionalidade de esforço. Na prática, o sistema de pontuação mais usado é o da sequência de Fibonacci (1, 2, 3, 5, 8, 13, 21 e 34), onde a história com menor quantidade de trabalho, complexidade e risco do *Backlog* recebe pontuação '1'. Há algumas razões para usar essa sequência. Deve ter ficado claro que as margens de erro de estimativas de trabalho, complexidade e risco são muito altas. Não faz sentido algum definir que uma história é um quarto maior que a história simples e assim deveria ter um *story point* de 1,25. As margens de erro das estimativas são bem maiores que esse 0,25. Números muito próximos uns dos outros são impossíveis de distinguir como estimativas e o fato é que os números da sequência de Fibonacci vão se afastando. Ela força você a fazer escolhas. Por exemplo, Fibonacci sempre exige que você decida se uma história é mais da metade ou menos da metade que outra. Digamos que você ache que uma determinada história é mais ou menos a metade do esforço de uma história que recebeu 21 pontos. A metade de 21 é 10,5, que está exatamente no meio entre 8 e 13. Você deve escolher. Isso acontece com qualquer pontuação na sequência.

Note também que você deve decidir o limite máximo de pontos que uma história pode receber. É verdade que 610 é um número da sequência de Fibonacci, mas se uma história precisar de 610 vezes mais esforço que a história mais simples, algo está muito errado. Fica claro que essa história excedeu em muito o que o método INVEST consideraria aceitável como item de *Backlog*. Trata-se, na melhor das hipóteses, de um épico e não de uma história.

2.4.4 MVP – Produto Mínimo Viável

Em um mundo ideal, o cliente definiria o que ele precisa que seja entregue e combinaria com a equipe o tempo e o custo que seriam necessários para o projeto. Então o gerente do projeto faria o necessário para entregar todo o escopo definido, dentro do prazo e do custo combinados. As três dimensões são partes de um mesmo acordo e deveriam ser cumpridas para o sucesso do projeto. Mas não vivemos em um mundo ideal. Tradicionalmente, apenas uma dessas três dimensões é inegociável: o escopo. O cliente pensa em termos de ter comprado um certo escopo. Infelizmente, às vezes acontece que o prazo e/ou o orçamento estourem, mas o projeto só termina quando todo o escopo é entregue.

Para muitos projetos, essa abordagem é inevitável. Se o projeto é a construção de um viaduto, ou o viaduto todo é entregue, mesmo atrasado e custando mais que o combinado, ou o projeto não pode ser considerado como acabado. Ninguém pode atravessar meio viaduto. Mas metodologias como *Scrum* são mais aderentes a projetos em que necessidades podem ser atendidas em um grau maior ou menor e por diferentes soluções. Um produto que não tenha todas as características desejadas ainda pode ser um campeão de vendas para um certo público-alvo.

Assim, em metodologias ágeis como o *Scrum*, é recomendada a inversão do pensamento tradicional. A organização tem uma necessidade. Ela precisa de um produto que resolva um certo número de problemas. Muitas vezes ela nem sabe exatamente qual a solução para seus problemas ou o que seria bom o suficiente. Mas ela pode saber o quanto pode gastar e em quanto tempo precisa de uma solução razoável.

Assim, a lógica é invertida. Como tradicionalmente, o cliente pode definir, com maior ou menor detalhe, o que ele precisa que seja entregue e estimar com a equipe de projeto o tempo e custo que seriam necessários. A diferença é que prazo e custo se tornam compromissos fixos. O que pode ser negociado é qual a quantidade do escopo que será entregue. A diferença das duas abordagens é mostrada na Figura 2.5.

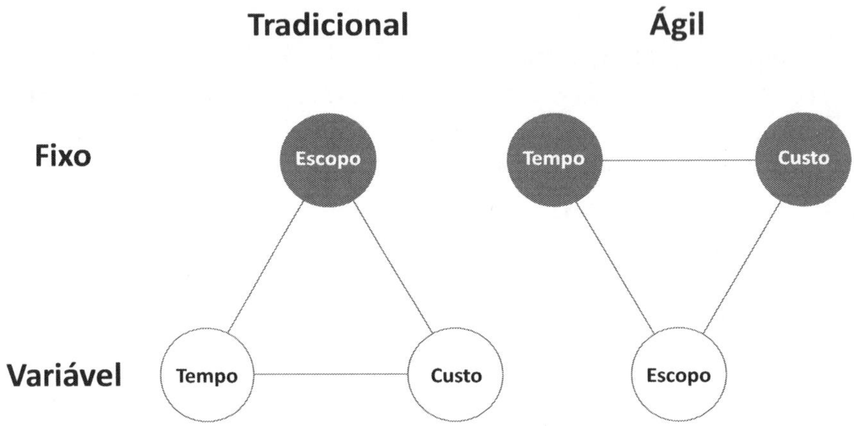

Figura 2.5 – Triângulo de ferro

No caso do *Scrum*, esta filosofia quanto ao triângulo de dimensões do projeto é comumente materializada pela compra de um certo número de *Sprints*. Sabendo qual equipe será necessária, o percentual de alocação de cada membro e o custo-hora de cada um, podemos saber o custo por *Sprint*. Lembre-se de que o prazo alocado para uma *Sprint* é fixo. Uma vez que tenhamos uma estimativa de quantas *Sprints* serão necessárias para o projeto, o custo e o prazo são facilmente calculáveis. O projeto vai entregar o máximo que puder do *Backlog* do Produto nessa quantidade combinada de *Sprints*. Esse é um dos motivos por que a priorização do *Backlog* do Produto é tão importante.

Ligada a essa inversão do triângulo de dimensões do projeto está o conceito de MVP (*Minimum Viable Product*) ou Produto Mínimo Viável, que por sua vez está profundamente ligado ao mundo das *startups*. Reid Hoffman, criador do LinkedIn, disse uma vez que 'se você não ficou envergonhado pela primeira versão do seu produto, você o lançou tarde demais'. No mundo das *startups*, tudo começa com uma ideia de como atender a uma necessidade percebida de um público-alvo. O problema é que você pode entender errado o seu público ou suas necessidades. Além disso, você tem uma capacidade limitada de investimento. A ideia então é testar uma hipótese: lançar algo rapidamente e com um investimento pequeno, de modo a testar se há real interesse no produto. Eric Ries, autor de *The Startup Way* [6], define um MVP como 'uma versão inicial de um novo produto que permite a uma equipe coletar o máximo de aprendizado validado (aprendizado baseado em coleta de dados reais em vez de suposições sobre o futuro) sobre os clientes'.

Essa etapa inicial será incrementada nas versões seguintes até chegar a um produto final. Cada etapa servirá como insumo para a próxima até a entrega final. A diferença entre essa técnica e o modelo convencional de desenvolvimento de um produto é que as etapas contemplarão diversos dispositivos que já permitem ter uma boa ideia do que está sendo desenvolvido, fazendo com que o cliente possa vislumbrar e criticar o modelo que está sendo construído, em vez de receber um produto único e acabado. A Figura 2.6 ilustra essa ideia.

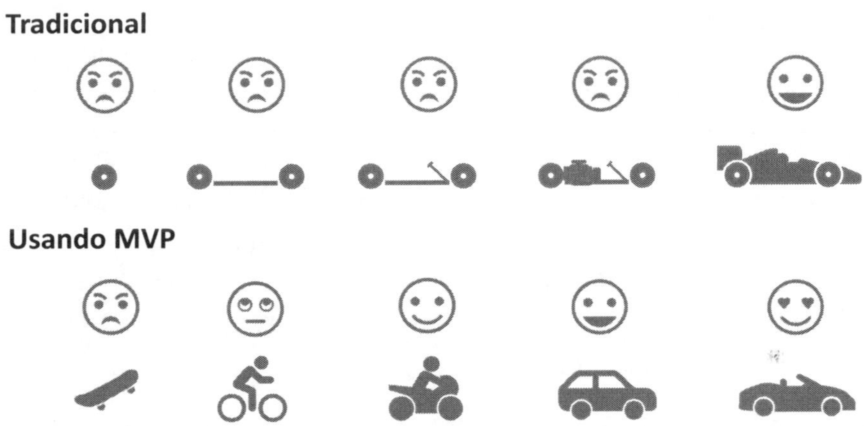

Figura 2.6 – Abordagem Tradicional *versus* MVP

Dentro do mundo *startup* há vários tipos de MVP. Na verdade, neste mundo, um MVP nem precisa ser um produto real funcionando.

- **MVP Fumaça** – O MVP Fumaça avalia o interesse de futuros clientes por meio de um canal de marketing responsável pela distribuição e apresentação da solução ao público. Imagine o lançamento de um curso *on-line*, por exemplo. Uma forma de validar é criar uma página com um vídeo de apresentação do produto. O nível de interesse pode ser mensurado através do número de visitantes da página e/ou cadastro para *download* de algum material. O MVP do Dropbox é considerado um vídeo explicando como o produto funcionaria, em um momento em que não existia produto algum e o desenvolvimento nem tinha começado.

- **MVP *Concierge*** – A ideia deste MVP é simular o produto pronto, substituindo componentes automatizados por humanos. Não se tenta esconder os seres humanos. A ideia é aprender como se presta o serviço para futura automação.
- **MVP Mágico de Oz** – Este MVP lembra características dos dois anteriores. Há a substituição de componentes automatizados por humanos, mas estes são escondidos. EasyTaxi começou com um MVP Mágico de Oz. Ainda não existia o aplicativo para celulares. A primeira versão era uma página na Internet em que as pessoas digitavam o endereço onde elas estavam. A página gerava um e-mail para os sócios, que ligavam para motoristas de táxi e cooperativas e enviavam o táxi para o cliente.
- **MVP Protótipo** – Neste caso, um produto já estará pronto e funcionando e será oferecido para os clientes para que estes o critiquem e a equipe de desenvolvimento possa fazer melhorias. Mas esse produto é apenas um protótipo, com apenas algumas características da versão imaginada.
- **MVP Duplo** – Neste caso, a empresa cria dois modelos parecidos, mas com apenas algumas alterações para que os possíveis usuários testem e avaliem ambos os produtos, identificando o que é mais adequado para o seu uso.

Nas organizações fora do mundo *startup*, por outro lado, um MVP é, literalmente, o mínimo viável que um produto tem que conter para que atenda às necessidades mais importantes do negócio. Ou seja, é próximo ao que o mundo *startup* chama de MVP Protótipo.

Lembre-se de que, com a inversão do triângulo de dimensões do projeto, prazo e custo são fixos e o escopo é variável. Dissemos que o projeto vai entregar o máximo que puder do *Backlog* do Produto na quantidade combinada de *Sprints*, mas há uma observação importante sobre isso. O projeto deve ser dimensionado para que o número de *Sprints* seja suficiente para a criação do MVP mais algumas *Sprints* adicionais, para características desejáveis, mas não essenciais. Com isso, temos a garantia de que o produto do projeto gerará valor para a organização.

2.4.5 Cerimônia: Planejamento da *Sprint*

A cerimônia de Planejamento da *Sprint* é uma reunião na qual estão presentes o *Product Owner*, o *Scrum Master* e toda a Equipe Scrum, bem como qualquer pessoa interessada que esteja representando a gerência ou o cliente. Seus propósitos principais são responder a duas grandes perguntas: (1) o que pode ser feito na próxima *Sprint*? e (2) como o trabalho escolhido será realizado? Embora a reunião seja frequentemente apresentada como contendo duas partes, uma para cada pergunta (e a primeira pergunta, de fato, dá início aos trabalhos), na prática as duas estão ligadas. Um entendimento melhor de como uma história deve ser implementada frequentemente influencia se ela será escolhida ou não para a *Sprint*.

O *Scrum Master* deve fazer um trabalho preparatório antes de cada Planejamento da *Sprint*. Ele deve determinar a disponibilidade da equipe e sua velocidade. A disponibilidade é simples. Embora idealmente a equipe *Scrum* deva permanecer inalterada de uma *Sprint* para outra, tanto em componentes quanto em carga horária, desde que o tipo de trabalho não tenha mudado, na prática isso nem sempre acontece. É possível, por exemplo, que um membro da equipe que trabalhou com dedicação exclusiva na *Sprint* passada só possa alocar 50% do seu tempo nesta.

A velocidade da equipe diz respeito a quanto de esforço a equipe pode entregar por *Sprint*. Usualmente, isso é medido em uma quantidade de *story points* entregue por *Sprint*.

A velocidade é única para cada equipe. Ela pode ser calculada somando as estimativas de *story points* de todo o trabalho concluído e aceito em uma *Sprint* já encerrada. O *Scrum Master* pode usar a velocidade da última *Sprint* ou algum tipo de média das últimas *Sprints*. Obviamente, equipes recém-formadas não têm esse histórico de sua velocidade. Também pode acontecer que a equipe ou o projeto esteja passando por instabilidades. Nesses casos, as equipes podem precisar estimar sua velocidade com base apenas em sua capacidade e nas histórias.

No início da cerimônia de Planejamento da *Sprint*, o *Product Owner* descreve para a equipe um grupo de funcionalidades que ele escolhe dentre aquelas de maior prioridade. A equipe faz perguntas durante a reunião de modo que seja capaz de quebrar as funcionalidades em tarefas técnicas. Essas tarefas darão origem ao *Backlog* da *Sprint*. Assim, enquanto o *Backlog* do Produto é composto de histórias com esforço em *story points*, o *Backlog* da *Sprint* é composto de tarefas com esforço definido em horas de trabalho.

2.4.6 Cerimônia: *Sprint*

As *Sprints* talvez sejam o que é mais característico do *Scrum*. Uma *Sprint* pode ser considerada um miniprojeto com não mais que um mês de duração. De fato, *Sprints* podem durar de uma a quatro semanas, sendo duas semanas a duração mais comumente escolhida. No início do projeto, o tamanho da *Sprint* é definido e ele não deve ser alterado sem um excelente motivo. O *Product Owner* é quem é mais bem qualificado para determinar a taxa ideal de produção de valor do projeto, que é a *Sprint*. No entanto, uma *Sprint* tem que funcionar adequadamente, e isso pode ser incompatível com certos tamanhos. No fim, trata-se de uma negociação que, normalmente, é guiada pelo *Scrum Master*.

Você pode querer ***Sprints* mais longas** porque: (1) *Sprints* mais longas têm mais chance de produzir um incremento de produto que realmente agregue valor ao fim de cada ciclo; (2) *Sprints* precisam ser longas o suficiente para que as cerimônias de planejamento, revisão e retrospectiva da *Sprint* possam ser executadas com qualidade. Se uma *Sprint* tem um quarto do tempo da outra, ela normalmente teria um quarto do tempo alocado para cada cerimônia, mas, devido a economias de escala, as reuniões maiores podem ser bem mais produtivas.

Você pode querer ***Sprints* mais curtas** porque: (1) *Scrum* é sobre *feedback* rápido dos clientes e melhoria contínua. Os dois fatores são favorecidos por tempos menores; (2) *Sprints* mais curtas forçam a equipe a focar desde o início e a pressão pode ser benéfica para a produtividade. Equipes de alto desempenho precisam de pressão para se formar. *Sprints* mais curtas fornecem pressão; (3) se a data de término do projeto forçar a um prazo muito curto, *Sprints* menores farão com que você tenha mais chance de ter pelo menos seis Sprints no projeto; (4) quando uma equipe é nova, *Sprints* mais curtas ajudam a entender sua velocidade mais rapidamente.

Enquanto mudanças na gestão do *Backlog* do Produto são comuns, bem-vindas e até estimuladas, mudanças durante a *Sprint* são restringidas. Elas não são proibidas, mas a regra a ser seguida é que nenhuma mudança que afete negativamente os objetivos da *Sprint* pode ser aceita. Assim, por exemplo, a equipe pode e deve mudar a forma de implementação de uma tarefa definida no planejamento da *Sprint* se isso contribui para os objetivos da *Sprint*. Mas o *Product Owner* não pode fazer solicitações que gerem novas tarefas no meio da *Sprint*.

2.4.7 Cerimônia: reunião diária

A reunião diária é uma cerimônia que, como o nome sugere, é realizada todo dia durante uma *Sprint*. Recomenda-se que ela seja feita no início do dia e sempre no mesmo local e horário. É essencial que toda a equipe participe, e o *Scrum Master* usualmente é o facilitador da reunião. No entanto, equipes de alto desempenho podem realizar a cerimônia sem a presença do *Scrum Master*. A duração recomendada é de 15 minutos, em pé, para dar mais agilidade ao processo. O uso de duração tão curta é possibilitado pelo fato de que a reunião tem poucos e rápidos objetivos.

Há três coisas que cada membro da equipe deve informar aos outros: (1) qual o trabalho que ele realizou ontem? (2) qual o trabalho que ele realizará hoje? (3) há algum obstáculo ou interrupção que atrapalhe a execução do trabalho da *Sprint*? Nenhuma outra coisa deve ser discutida na reunião. Em especial, ela não serve para resolver problemas.

A principal ferramenta para a reunião diária é o quadro *Scrum*. A Figura 2.7 ilustra a estrutura mínima de um quadro *Scrum*.

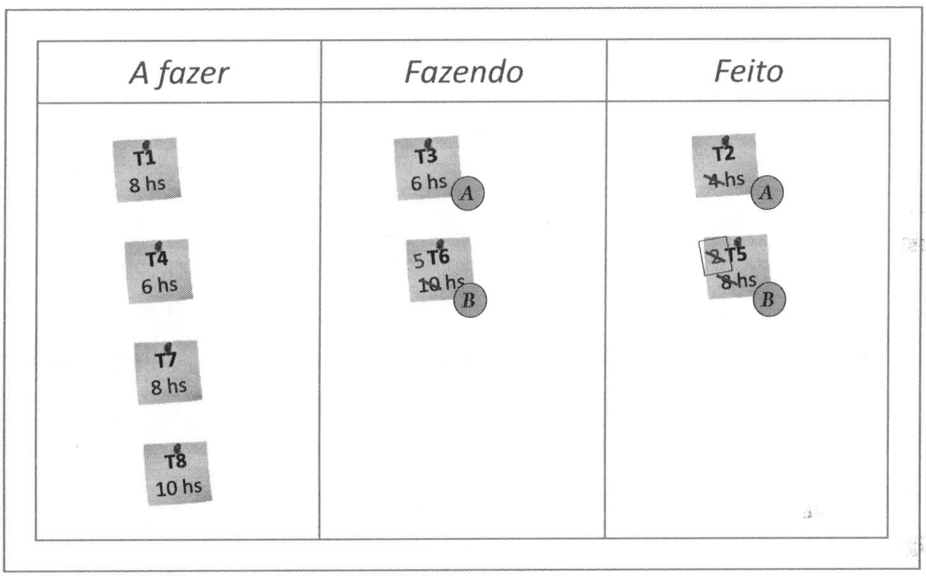

Figura 2.7 – Quadro *Scrum* mínimo

Na coluna 'A fazer' estão as tarefas que ainda não foram começadas. No início da *Sprint*, todas as tarefas estão nessa coluna. Na figura, as tarefas T1, T4, T7 e T8 pertencem ao *Backlog* da Sprint e devem ser executadas antes de seu final, mas ainda não foram iniciadas.

Quando uma tarefa é selecionada para execução e um responsável é definido na equipe, ela passa para a coluna 'Fazendo'. No nosso exemplo temos apenas dois componentes da equipe, representados pelas letras 'A' e 'B'. Diariamente, a quantidade de horas que ainda faltam para terminar a tarefa é alterada para marcar a evolução. A tarefa T3 deve ter sido selecionada pela pessoa 'A' hoje, pois não há ainda nenhuma atualização. Já a tarefa T6 teve avanço e 'B' acredita que ela seja terminada após mais 5 horas de esforço.

Na coluna 'Feito' estão as tarefas que estão sendo consideradas totalmente terminadas e prontas para entrega ao cliente. Em todas elas a quantidade de trabalho restante é zero. No fim de uma *Sprint* bem-sucedida, todas as tarefas devem estar nessa coluna.

Na prática, o quadro *Scrum* deve ser adaptado ao tipo de projeto. A Figura 2.8 mostra um exemplo de quadro *Scrum* adaptado.

A Fazer	*Análise*		*Desenvolvimento*			*Teste*	*Feito*
	Em Análise	*Análise Pronta*	*Criação*	*Correção*	*Pronto p/ Teste*		
Bloqueadas							

Figura 2.8 – Quadro *Scrum* adaptado a um processo

O quadro reflete um processo ou fluxo de trabalho. Cada status que uma tarefa passa em um determinado processo típico do projeto pode ser representado por uma área no quadro. No quadro da Figura 2.8, a tarefa passa por três grandes etapas: Análise, Desenvolvimento e Teste. Ela é selecionada para análise, colocando-a na primeira das duas colunas desta fase. Quando ela estiver ponta para desenvolvimento ela é colocada na segunda coluna. Na etapa de desenvolvimento ela passa por dois status antes de ser disponibilizada para testes. Somente depois de ser testada de forma bem-sucedida é que a tarefa é colocada na área de pronto para o cliente.

Note que o quadro possui uma área chamada 'Bloqueadas'. Essa área é destinada para tarefas que estão com algum problema ou pendência que impede que elas sejam terminadas. O grande responsável por tarefas que entram nessa área é o *Scrum Master*. É ele que tem a responsabilidade de mobilizar os recursos e pessoas necessários para resolver o problema, bem como negociar com as partes envolvidas. Uma vez que o bloqueio é resolvido, a tarefa volta para a última área em que se encontrava.

2.4.8 Acompanhamento da *Sprint*

Durante uma *Sprint*, a equipe mantém o quadro *Scrum* atualizado para refletir as tarefas que estão completadas e quanto tempo a equipe acredita que será necessário para completar aquelas que ainda não estão prontas. A estimativa do trabalho total que ainda resta a ser feito na *Sprint* é calculada diariamente e colocada em um gráfico. O gráfico mais comumente utilizado é o *Burndown Chart*. Um exemplo de um *Burndown Chart* é colocado na Figura 2.9.

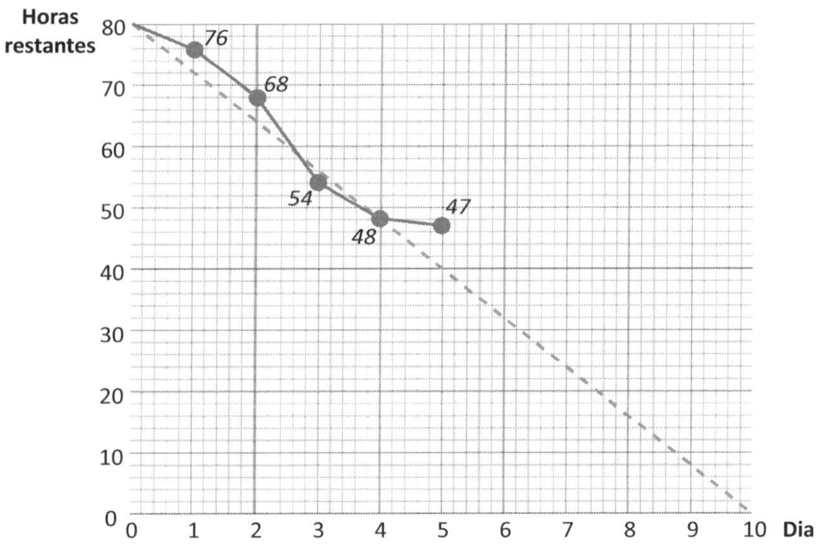

Figura 2.9 – *Burndown Chart*

Os gráficos *Burndown* são ferramentas simples e muito úteis para que a equipe tenha uma visão de quanto tempo falta para atender aos objetivos da *Sprint*. Os quadros *Scrum* são as fontes de dados para a construção do gráfico. O trabalho restante é indicado no eixo vertical e o período de tempo (dias de uma *Sprint*) é indicado no eixo horizontal.

Quando uma tarefa do *Backlog* da *Sprint* passa de um dos status em andamento para o de pronto para entrega, sua estimativa é removida do total de trabalho estimado restante na *Sprint*. Assim, por exemplo, quando uma tarefa estimada em 4 horas passa de 'Fazendo' para 'Feito', essas 4 horas são diminuídas da quantidade total de trabalho restante. Como vimos, também acontece de que a estimativa de quanto tempo uma tarefa vai precisar seja alterada na reunião diária. Digamos que exista uma tarefa de 10 horas que foi trabalhada, mas não encerrada no dia anterior.

Se o responsável reporta que acredita que terminará a tarefa em mais 4 horas, não podemos diminuir o trabalho restante nas 10 horas totais da tarefa, mas podemos estimar uma redução de 6 horas. Algumas equipes, no entanto, desconfiam dessas estimativas e só permitem que o *Burndown* seja atualizado quando a tarefa estiver 100% pronta.

Vejamos o *Burndown* exemplificado na Figura 2.9. Ele representa uma *Sprint* de duas semanas (10 dias úteis de trabalho) para entrega de um *Backlog* de *Sprint* estimado em 80 horas de trabalho. A curva tracejada mostra a execução ideal do projeto. Ela começa com 80 horas no início da *Sprint* e termina com 0 horas restantes após o último dia de trabalho. Essa reta representa a produção de 8 horas de trabalho por dia, durante 10 dias. A ideia é que se a equipe produzir mais de 8 horas por dia, ela estará adiantada e se produzir menos, estará atrasada. Vamos acompanhar a equipe nos cinco primeiros dias da *Sprint*: no primeiro dia a equipe produziu apenas 4 horas e, assim, faltavam 76 horas. Como a meta seria 72 horas (80 – 8), o ponto estava acima da reta alvo e a equipe estava atrasada. É normal que nos primeiros dias a produtividade sofra. Esse atraso não deve ser caso de pânico.

No segundo dia a equipe produziu 8 horas e, assim, faltavam 68 horas. Note que a equipe cumpriu a velocidade prevista para um dia, mas o atraso de 4 horas do dia anterior persistiu. Assim, as horas restantes estavam acima do alvo de 64 horas e a equipe permaneceu atrasada.

No terceiro dia a equipe produziu 14 horas e, assim, faltaram 54 horas. A equipe comemorou, pois não só tirou o atraso, como conseguiu ficar duas horas acima da meta. Isso porque a meta para esse dia era de 56 horas e o gráfico mostrou que a linha de execução real estava abaixo da reta de execução idealizada.

No quarto dia a equipe produziu apenas 6 horas de trabalho. Mas isso não ameaçou a entrega. Como ela estava adiantada duas horas, o gráfico mostrou que a equipe estava exatamente na meta de 48 horas restantes.

Infelizmente, no dia seguinte a equipe praticamente não andou. A produção de apenas uma hora fez com que o *Burndown* mostrasse que faltavam 47 horas de trabalho para a segunda semana da *Sprint*, quando o planejamento era de apenas 40 horas. Esse tipo de coisa normalmente acontece quando ocorre um impedimento ou bloqueio mais grave.

Falamos de bloqueios quando explicamos o quadro *Scrum*. Um **bloqueio** ou **impedimento** é algum problema ou pendência que impede que tarefas sejam terminadas. Em alguns casos o impedimento pode afetar várias tarefas, ou até mesmo todo o *Backlog* da Sprint. Assim, por exemplo, uma falta de luz prolongada pode, em essência, paralisar a equipe se não existirem medidas de contingência.

Se um impedimento não puder ser considerado como uma simples interrupção, o *Product Owner* poderá abortar a *Sprint*. Nesse caso, uma nova reunião deverá ser conduzida para que todos os parâmetros já devidamente estabelecidos sejam revistos.

Isso nos leva a um assunto polêmico: horas extras. Planos em *Scrum* são bastante flexíveis, mas nem todos têm a mesma flexibilidade. O planejamento da *Sprint* é um acordo que deve ser levado a sério. O *Product Owner* deve ser lembrado, por exemplo, de que ele não pode fazer alterações que gerem riscos para os objetivos da *Sprint*. Mas isso tem um preço. Ele exigirá da equipe o mesmo comprometimento com o sucesso da *Sprint* em entregar o incremento no prazo combinado. Dependendo do tipo e do tamanho dos impedimentos, ele pode concordar que não era possível para a equipe manter o compromisso. Nesse caso, o trabalho não terminado voltará para o *Backlog* do Produto. Por outro lado, uma boa equipe não gosta de falhar quando o sucesso está ao alcance. Eles mesmos podem propor trabalhar além das horas alocadas para cumprir a meta. Como sempre, em se tratando de horas extras, o bom senso é tudo. A quantidade de horas extras em uma *Sprint* com problemas deve ser razoável. O exagero pode, inclusive, gerar problemas na qualidade. Além disso, não pode ser a regra. Se uma equipe sistematicamente só consegue cumprir a meta com o emprego de horas extras, claramente a velocidade alocada para ela está incorreta. Ou o projeto se adapta à velocidade real ou devem ser feitas mudanças na equipe ou no ambiente para melhorar a velocidade.

2.4.9 Cerimônia: Revisão da *Sprint*

Muitas organizações usam a Revisão de *Sprint* como uma reunião para mera demonstração do que foi feito ou para a aceitação formal da iteração. No entanto, segundo o Guia *Scrum* [5], a reunião é mais estratégica. Os objetivos da Revisão da *Sprint* são apresentar o que foi produzido e discutir adaptações futuras. O dono desta cerimônia é o *Product Owner* e, além da equipe, é essencial a presença das diversas partes interessadas no produto.

É verdade que a equipe deve apresentar o que está pronto, e pode-se dizer que um dos objetivos da cerimônia é celebrar o seu trabalho. Para isso, pode ser feita uma apresentação rápida, de cinco minutos, de cada membro e suas realizações. No entanto, o objetivo maior é ajuste de rumos.

O *Product Owner* deve apresentar o que está pronto e o que não está pronto no *Backlog* do Produto. Nessa hora, a organização do *Backlog* em temas pode ajudar o *Product Owner* a explicar o quanto de cada tema está pronto.

Em seguida, os diversos representantes das partes interessadas devem ter a oportunidade de interagir com o produto. Eles devem usar o incremento entregue pela *Sprint* e não só ver esse incremento ser demonstrado em uma projeção. Se eles tiverem alguma ideia ou sugestão, o *Product Owner* deve verificar se (1) deverá ser colocada no *Backlog* do Produto; e (2) se algo deve ser removido ou "despriorizado" para dar espaço à nova funcionalidade.

A Revisão da *Sprint* é a penúltima cerimônia da *Sprint*. Normalmente a alocação de tempo é calculada em uma hora para cada semana de *Sprint*. Assim, para uma *Sprint* de um mês a reunião duraria quatro horas.

2.4.10 Cerimônia: Retrospectiva da *Sprint*

Segundo o Guia *Scrum* [5], o objetivo da Retrospectiva da *Sprint* é planejar maneiras de aumentar a qualidade e a eficácia do trabalho. Ela é a última cerimônia da *Sprint* e é limitada a um máximo de três horas para uma *Sprint* de quatro semanas, reduzindo a duração para *Sprints* mais curtas.

Cada membro da equipe deve avaliar o trabalho da *Sprint* em relação a diversos aspectos como: indivíduos, processos, ferramentas e artefatos. Essa avaliação gera uma lista de pontos que (1) funcionaram e têm potencial de ser perseguidos em *Sprints* futuras; e (2) não funcionaram bem e atrapalharam qualidade e performance.

É comum que esses pontos sejam escritos em papéis autoadesivos e colocados em um quadro dividido em quatro áreas. A primeira área é para os pontos positivos e a segunda para os pontos a melhorar. A equipe coloca seus papéis autoadesivos preenchidos na área adequada. O *Scrum Master* ou um membro escolhido pela equipe lê os papéis, busca duplicações e organiza o quadro para refletir a visão consolidada da equipe.

Uma terceira parte do quadro é para a colocação de ideias. Note que, apesar de o foco ser normalmente ideias que resolvam o que não funcionou bem, ideias para sustentar e escalar o que funcionou são incentivadas.

A equipe deve analisar as ideias e colocar um plano de ação na última área do quadro. Assim, por exemplo, se alguém teve uma ideia de mudar o formato de um artefato, e essa ideia foi aprovada, idealmente a equipe deve definir quem ficará responsável por essa modificação e o tempo para isso. Em alguns casos, a sugestão é de implantação imediata. Em outros, pode gerar negociações com diversas partes interessadas. Uma das formas de implantar alterações de melhoria é combinar com o *Product Owner* que elas entrem no próximo *Backlog* de *Sprint* e sejam feitas como parte normal do trabalho.

2.5. *Kanban*

O nome *Kanban* é originário do japonês e pode ser traduzido como 'placa de sinalização'. *Kanban* remonta aos primeiros dias do sistema de produção da Toyota no Japão. Taiichi Onho desenvolveu *kanbans* no período de 1940/1950 para controlar a produção e implementar a fabricação *Just in Time* (JIT) nas fábricas da Toyota no Japão. A ideia por trás do sistema JIT é que não precisamos produzir para formar estoques que, por vezes, não são vendidos, e sim produzir o que definitivamente venderemos. *Kanban* parecia a ferramenta ideal para essa ideia.

Em vez de um planejamento centralizado, *Kanban* usa cartões que servem como pistas visuais do que deve ser feito. Imagine que um determinado item deva ter um estoque de 5 a 15 unidades. Um cartão *Kanban* ordenando a produção de 10 unidades pode ser colocado em cima das 5 últimas. O item vai sendo consumido e quando um trabalhador chega ao cartão, ele entrega para quem é responsável pela fabricação daquele item. No cartão existe a informação de que o produtor do item deve fabricar mais 10 itens. Quando a nova leva fica pronta, ele tem a responsabilidade de colocar o cartão de volta em cima dos 5 últimos itens. Os gestores não tomam decisão de quando um item será fabricado. A decisão deles se refere ao que está escrito no cartão.

Usando esse sistema de produção como inspiração, David J. Anderson [7] criou um método para gerenciar o desenvolvimento de projetos que têm ênfase na entrega contínua, sem sobrecarregar a equipe de desenvolvimento. Na fábula de Esopo 'A tartaruga e a lebre', a lebre se destacou agregando valor rapidamente, mas ainda assim perdeu para a tartaruga devido à sua inatividade. Eliminar esses períodos de inatividade pode ser muito mais importante do que acelerar as atividades.

2.5.1 Como o *Kanban* funciona

A primeira etapa de implementação de um *Kanban* para projetos é definir o fluxo de trabalho em um quadro. Esses quadros são muito semelhantes ao quadro *Scrum* da Figura 2.8. Diferentemente do quadro *Scrum* mínimo da Figura 2.7, esse quadro mostra um processo de produção. No entanto, os quadros *Kanban* tendem a ter processos mais estendidos. No caso do *Scrum*, por exemplo, o *Backlog* do Produto é tratado à parte, enquanto no *Kanban* a produção desse *Backlog* tende a ser mais uma etapa do processo.

Uma vez criadas as etapas do processo, a quantidade de WIP deve ser definida. **WIP** é uma sigla em inglês para *Work in Progress* (trabalho em progresso) ou *Work in Process* (trabalho em processo). Em manufatura, isso se manifesta como estoques de itens semiacabados. No projeto, o WIP são as tarefas em que uma equipe está trabalhando no momento em uma das etapas do processo. Note que as etapas podem ter dificuldades variadas. Se, por exemplo, a quarta etapa é a mais difícil e demorada e se as três etapas antes dela trabalharem ininterruptamente, o que vai acontecer é que uma enorme pilha de tarefas vai se formar como pendente para a quarta etapa. O processo não pode ser mais rápido do que a etapa mais lenta. Imagine um grupo de pessoas andando em fila com a regra de que ninguém pode ultrapassar ninguém. O objetivo é que o grupo inteiro chegue ao destino. Se os primeiros da fila correrem, eles só aumentarão o espaço entre eles e a pessoa mais lenta. A maior velocidade que o grupo pode ter, e de uma forma em que não ocorra desperdício de energia, é obtida quando todos andam na velocidade da pessoa mais lenta. No projeto, isso significa definir uma quantidade de tarefas máxima por etapa. Essa quantidade deve garantir que a etapa mais lenta nunca fique sem ter o que fazer. Se qualquer etapa atingir o limite de WIP, ela deve parar de produzir para aquele projeto. Nada impede que a equipe dessa etapa trabalhe em outras coisas.

Um item de produção do projeto nasce como um cartão colocado na primeira etapa do processo. Ele vai sendo movido para as etapas seguintes até que tenhamos um incremento pronto no projeto. Diferentemente do *Scrum*, esse processo é contínuo e não dividido em *Sprints*. Itens vão sendo produzidos na velocidade definida pelo limite do WIP, que, por sua vez, depende da capacidade de produção da equipe. Note que algumas regras devem ser decididas. Em alguns casos, um item pode simplesmente ser movido para a coluna da etapa seguinte. No entanto, em outros casos, deve haver uma passagem de bastão em que o responsável pela etapa seguinte entende o que se espera dele e reconhece que passa a assumir responsabilidade por aquele item.

Note que o mesmo cartão passa por diversas etapas. Ele representa o conjunto do trabalho feito com um determinado objetivo até aquele momento. Assim, por exemplo, digamos que o cartão represente uma história de usuário. Quando ele entra na primeira etapa, tudo que está anexado a ele pode ser uma descrição básica da história. Mas, assim como em manufatura, o cartão não é o produto, mas a ordem de produzir algo. Assim também, no projeto, artefatos vão sendo produzidos e vinculados ao cartão. À medida que o cartão da história de usuário avança, a história vai sendo detalhada, depois é projetada para implementação e assim por diante. O cartão estando em uma determinada coluna representa que todos os artefatos intermediários até a etapa anterior estão prontos e disponíveis. Quando ele atinge a última etapa isso representa que o produto em si está pronto.

Isso pode causar um problema, porém. Um cartão em uma etapa pode não ser suficiente para controlar o trabalho daquela etapa. Lembre-se de que, em *Scrum*, quando uma história passava do *Backlog* do *Produto* para o *Backlog* da *Sprint*, ela era quebrada em tarefas. No *Kanban* é comum que a equipe responsável por uma etapa crie seus próprios *Kanbans*. Quando um cartão *Kanban* é movido para a etapa sob responsabilidade da equipe, ele é quebrado em cartões menores e colocado em um quadro *Kanban* à parte. Quando todos os cartões correspondentes chegarem à etapa final no quadro *Kanban* da equipe, o cartão maior pode ser movido no quadro *Kanban* do projeto. Em alguns casos, as pessoas se sentem confortáveis em organizar seu trabalho em quadros *Kanban* pessoais.

2.5.2 Vantagens do *Kanban*

É reconhecido que o *Kanban* de projetos tem diversas vantagens:

- **Visualização do fluxo de trabalho** – Dividir o projeto em pedaços, descrevendo resumidamente cada item em um cartão e colocando na parede, utilizando colunas nomeadas para ilustrar cada item que está no fluxo de trabalho, tudo isso faz com que o progresso do projeto seja facilmente visualizado pelas partes interessadas.

- **Limitação do *Work in Progress*** – Atribuir limites explícitos à quantidade de itens que podem estar em andamento em cada momento do fluxo de trabalho evita desperdício de esforço e permite o uso mais racional de recursos.
- **Medição do tempo do ciclo (tempo médio para completar um item)** – Como *Kanban* limita o trabalho em andamento, ele força o foco e a colaboração em equipe, levando a um ritmo uniforme e sustentável. Esse ritmo é facilmente mensurável, permitindo que o processo seja otimizado para torná-lo menor e mais previsível.
- **Exposição dos gargalos no processo** – O gargalo do processo é aquela etapa que define a velocidade do sistema. Como ninguém trabalha acima do WIP, fica fácil determinar o gargalo em um processo contínuo. Ele é a etapa do processo que nunca para devido ao limite de WIP. Isso significa que, se você deseja aumentar a velocidade, esta é a etapa onde os esforços de melhoria darão frutos. Melhorar a velocidade das outras etapas só fará com que elas fiquem paradas por mais tempo.
- **Indução ao *Kaizen*** – *Kaizen* é uma cultura de melhoria contínua. *Kanban* não só fornece um modelo para o trabalho fluir continuamente, como também estimula que o processo seja continuamente analisado. A organização (ou a equipe) pode facilmente ser levada a concordar que a mudança contínua, incremental e evolutiva é a maneira de realizar melhorias no sistema e fazê-las permanecer.
- **Permitir que se comece com o que se faz agora** – O método *Kanban* não prescreve um conjunto específico de funções ou etapas de processo. A primeira versão do quadro *Kanban* pode simplesmente refletir o processo atual. Com o tempo mudanças podem ser feitas, mas não há necessidade de reengenharia para implantar *Kanban*, o que é sempre um grande alívio.

2.5.3 *Kanban versus Scrum*

Kanban e *Scrum* compartilham muitas características, mas também possuem muitas diferenças. Antes de decidir qual abordagem é a mais adequada para um projeto, uma análise do Quadro 2.1 pode ser útil.

Quadro 2.1 – *Kanban versus Scrum*

Item	*Scrum*	*Kanban*
Aplicação do método	Comparativamente mais prescritivo que *Kanban*, embora ainda bastante flexível.	Não prescritivo e é caracterizado por mais flexibilidade em comparação com *Scrum*
Papéis e Responsabilidades	Funções e responsabilidades predefinidas para cada membro da equipe, incluindo *Product Owner, Scrum Master* e outros	Não há papéis e responsabilidades predefinidas
Tamanho da equipe	A equipe ideal deve ter de 5 a 11 membros. Tipicamente, equipes muito grandes têm grande dificuldade de agregar valor ao produto a ser desenvolvido. Para grandes equipes, *Kanban* é mais indicado.	*Kanban* tem mais flexibilidade quando comparado com *Scrum*, podendo ter equipes com mais de 11 membros ou menos de 5. Uma parte dessa flexibilidade se deve à possibilidade de cascateamento do quadro do projeto em quadros de equipe.
Priorização dos requisitos	Os requisitos precisam ser priorizados com base na duração da *Sprint*, a cada duas, três ou quatro semanas	A priorização dos requisitos é feita continuamente, o que pode ser diário ou até mesmo a qualquer hora.
Tamanho das iterações	É caracterizado por iterações de tamanhos relativamente pequenos entregues por *Sprint*. O *feedback* é bem mais rápido que em projetos tradicionais, mas pode ser mais lento que em determinados projetos usando *Kanban*.	O tamanho das iterações é definido pelo tamanho de cada cartão. Como o processo é contínuo, ele pode oferecer *feedback* de forma ainda mais rápida que *Scrum*.
Custo	Ao contrário de *Kanban, Scrum* foca mais no conhecimento, na experiência e na tomada de decisão com base no que é conhecido.	Foca mais em cortar custos quando comparado ao *Scrum*.
Qualidade	A reunião de revisão da *Sprint* é a principal prática para melhorar a qualidade do processo.	*Kanban*, se bem implementado, foca mais em melhorar a qualidade quando comparado ao *Scrum*. Isso porque leva mais facilmente à cultura de *Kaizen*.

2.6. *Canvas*

Depois de termos apresentado *Scrum* e *Kanban* como grandes abordagens de metodologias ágeis, vamos mudar um pouco a direção ao abordar o assunto *canvas*. A escala de um *canvas* é bem menor do que a desses *frameworks*, o que não significa que sua utilidade seja inferior. Um ***canvas*** pode ser definido como um quadro estruturado, normalmente em uma página de papel, vinculado a uma metodologia de como preenchê-lo.

O primeiro *canvas* de que se tem registro foi criado no final da década de 1970 na Toyota (onde mais?). Ele é conhecido como 'Resolução de Problemas A3', 'Relatório A3' ou simplesmente 'A3'. Isso porque ele foi idealizado para ser usado em uma folha de papel do tamanho ISO-A3 (o equivalente a duas folhas de papel A4 lado a lado). Há várias versões deste *canvas*, mas, em uma de suas modalidades mais simples, ele se parece com a Figura 2.10:

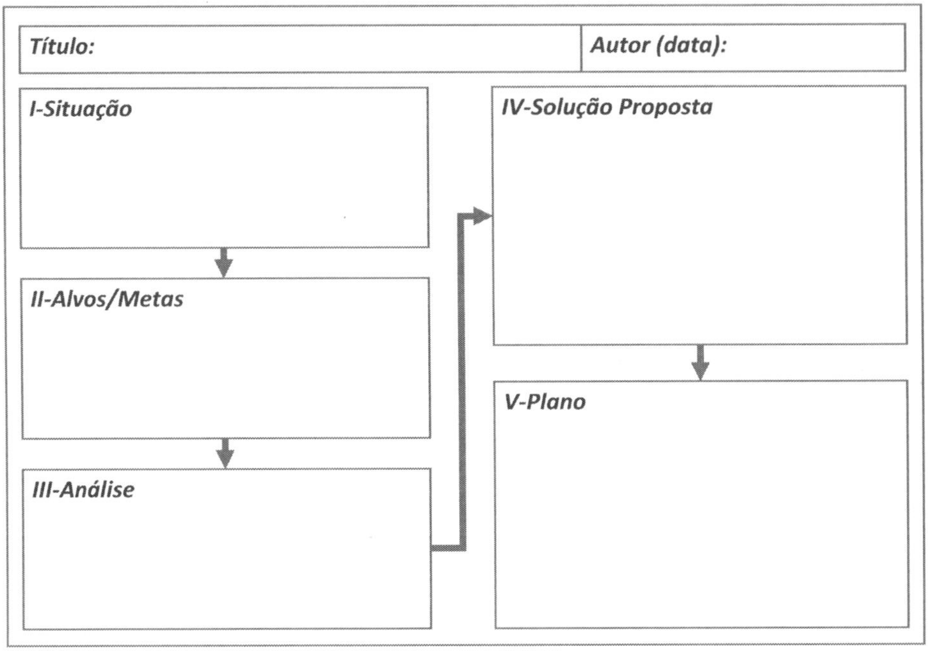

Figura 2.10 – Relatório A3

As setas ajudam a aplicar o método a ser seguido. (1) a **situação** atual deve ser compreendida de forma que se entenda qual o problema; (2) a **meta** que a equipe deve perseguir precisa ficar clara. É comum que as equipes percam o foco sem isso; (3) a **análise** do problema e a definição da causa-raiz devem ser feitas; (4) **soluções** devem ser propostas, e uma delas escolhida e descrita no formulário, definindo a situação futura desejada; (5) um **plano** com tarefas, prazos e responsabilidades deve ser criado para que se saia da situação atual para a situação descrita na solução.

O relatório A3 atende à nossa definição de *canvas*. Ele é suportado por um quadro/*canvas* em papel, estruturado em áreas, e deve ser preenchido de acordo com uma metodologia conhecida pela equipe. Demorou um pouco, mas diversas equipes, em diversas situações, perceberam que soluções semelhantes poderiam ser facilmente criadas para um número enorme de situações. Embora não sejam usualmente referidos dessa maneira, note que os quadros *Scrum* e *Kanban* obedecem à definição de *canvas*.

Outro tipo de *canvas* famoso é o *Business Model Canvas*. Ele foi criado em 2005 por Alexander Osterwalder e é considerado um plano de negócios de uma página. Muitas *startups* obtiveram sucesso usando esse *canvas*. A Figura 2.11 mostra um exemplo conhecido do *Business Model Canvas* aplicado ao negócio da Uber.

Como esperado, o *Business Model Canvas* tem uma metodologia vinculada ao quadro. Os *canvas* usualmente são preenchidos da esquerda para a direita e de cima para baixo, com áreas preenchidas anteriormente fornecendo a base para o preenchimento do resto.

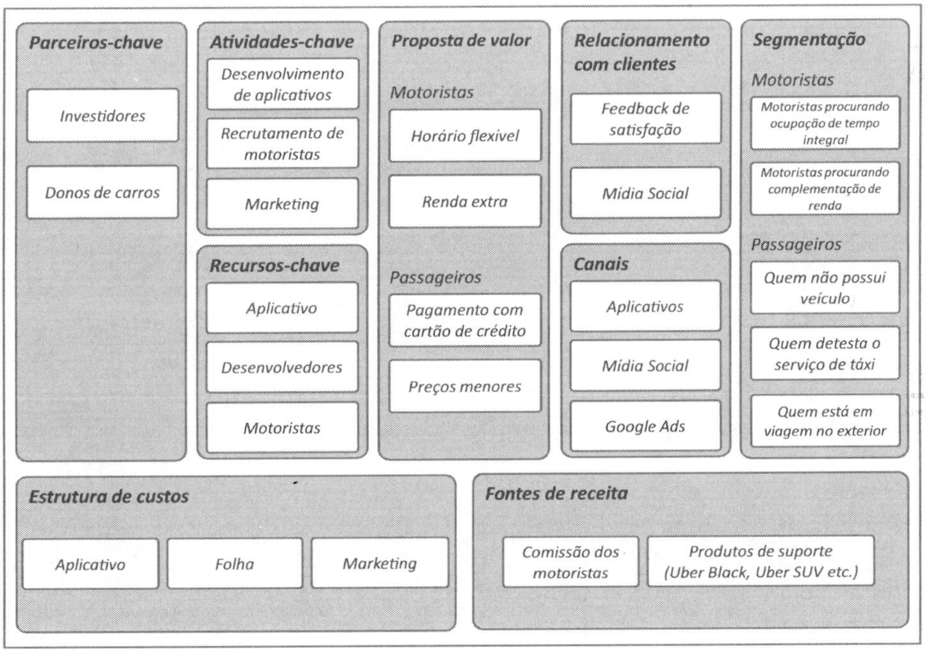

Figura 2.11 – *Business Model Canvas*

O último exemplo de *canvas* que iremos citar é o PM *Canvas*. O *Project Model Canvas* foi criado pelo brasileiro José Finocchio em 2013. Ele é inspirado no método 5W2H (*What, Why, Where, When, Who, How, How much?*) e serve para definir os principais aspectos de um novo projeto. O PM *Canvas* padrão foi criado para ser impresso em uma grande folha de papel A1 (equivalente a oito folhas de papel A4) e sua estrutura é mostrada na Figura 2.12.

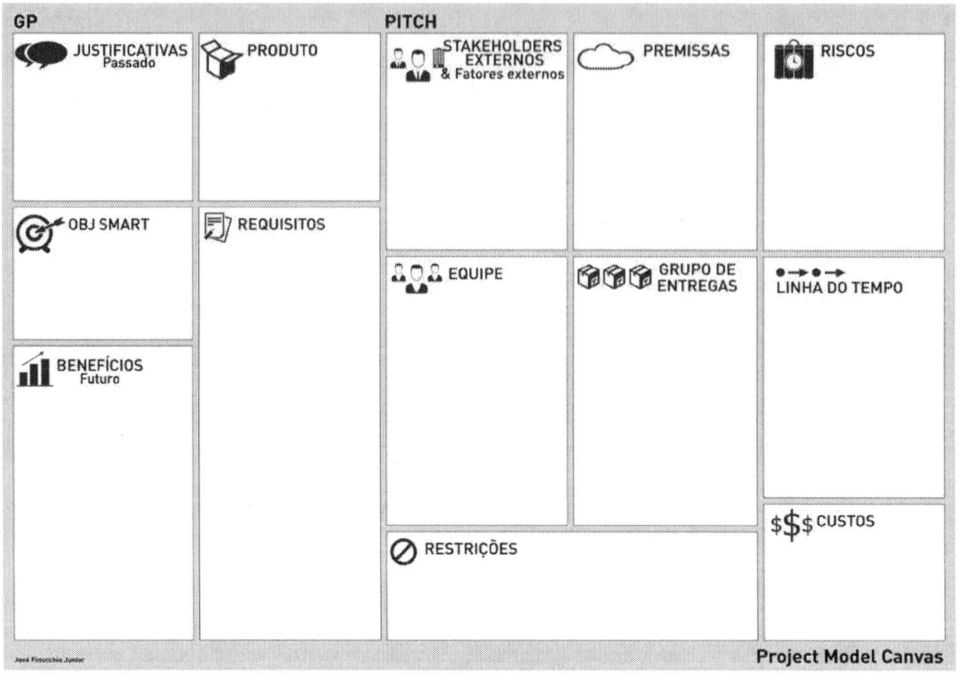

Figura 2.12 – PM *Canvas*.
Fonte: Finocchio (2013) [8]

Note que você não precisa ser um consultor, executivo ou acadêmico famoso para criar um *canvas*. Se sua organização possui problemas recorrentes que podem ser solucionados pela mesma abordagem e essa abordagem possa ser estruturada em uma folha de papel, você pode criar um *canvas* próprio.

2.7. Agilidade em larga escala

Scrum e outras metodologias ágeis funcionam muito bem em projetos até uma determinada escala. Porém, para projetos de maior complexidade, com várias frentes de trabalho e equipes grandes, foram desenvolvidos *frameworks* específicos que escalam as ideias de agilidade. A seguir citamos duas dessas abordagens.

2.7.1 SAFe

Scaled Agile Framework (SAFe), desenvolvido pelo consultor em metodologia Dean Leffingwell, utiliza uma combinação de princípios *Lean* e ágeis para criar uma metodologia para projetos de grande escala.

SAFe inclui processos de Equipe, Programa e Portfólio. No nível da Equipe, as técnicas descritas são aquelas usadas no *Scrum*, recomendando ciclos de *Sprint* de duas semanas. No nível do Programa, o SAFe estende o *Scrum*, usando as mesmas ideias, mas um nível acima.

O nível de Programa funciona em um *Release Train*, que é composto por cinco ciclos de *Sprint*. Há também uma sexta *Sprint*, de planejamento de inovação, que permite que as equipes inovem, inspecionem e adaptem.

Funções e processos são definidos no nível do Programa, o que permite consistência e colaboração em todo o projeto.

SAFe também fornece processos de um nível mais alto, no nível do Portfólio, usando princípios *Lean*, como a otimização de fluxos de valor para ajudar executivos e líderes a identificar e priorizar épicos, e recursos que podem ser quebrados no nível do Programa e programados nos *Release Trains*.

2.7.2 DAD

Disciplined Agile Delivery (DAD), desenvolvido por Scott Ambler e Mark Lines, é semelhante ao SAFe, pois recomenda o uso de técnicas *Lean* e ágeis existentes.

No entanto, DAD tem como objetivo abordar áreas que não estão completamente cobertas por estruturas ágeis de menor escala.

Esse quadro recomenda três fases: Início, Construção e Transição. Enquanto muitas estruturas ágeis focam no que o DAD rotula como fase de Construção, DAD também oferece recomendações sobre processos que surgem mais cedo no projeto (fase de Início) ou conforme as equipes se preparam para a entrega (fase de Transição). Por essa razão, os pontos fortes do DAD estão em fornecer mais orientação para as áreas de arquitetura e design (Início) e *DevOps* (transição).

DAD também fornece flexibilidade na sugestão de diferentes diretrizes de processo para quatro categorias de ciclos de vida: ágil/básico, *Lean*/avançado, entrega contínua e exploratória.

A fase de construção do ágil/básico é *Scrum*. O ciclo de vida *Lean*/avançado utiliza processos semelhantes ao *Kanban*, maximizando o fluxo e minimizando o trabalho em processo. O ciclo de vida de entrega contínua se concentra em *DevOps* maduros, processos de integração contínua e implantação de projetos que requerem entrega frequente aos *stakeholders*. Finalmente, o ciclo de vida exploratório minimiza o planejamento precoce em favor da entrega rápida, ganhando *feedback* e incorporando esse *feedback* na próxima entrega.

2.8. *Scrum versus* Privacidade Ágil

No próximo capítulo apresentaremos a abordagem Privacidade Ágil. Privacidade Ágil não é *Scrum*, mas, após ler este capítulo, você vai identificar vários pontos de semelhança. Isso porque Privacidade Ágil nasce das ideias do *Scrum*, usando o que pareceu adequado e alterando o resto.

Uma das grandes diferenças é que, enquanto *Scrum* é um *framework* genérico, adaptável a muitos tipos de projetos, Privacidade Ágil foi criada especificamente para ajudar as organizações a lidar com privacidade e proteção de dados.

Decorrente dessa grande diferença surgem outras. Assim, por exemplo, é muito comum que a equipe alocada em Privacidade Ágil varie muito de uma *Sprint* para outra. Assim, a ideia de uma velocidade da equipe não faz muito sentido.

Tendo dito isso, Privacidade Ágil poderia ter sido criada de forma que ficasse mais próxima do *Scrum* padrão. O ponto é que isso nunca foi um objetivo da abordagem. No entanto, se *Scrum* for a metodologia padrão da sua empresa, sinta-se à vontade para tentar mapear Privacidade Ágil com esse *framework*.

3. Privacidade Ágil

3.1. Visão geral

A abordagem tradicional de implantação de proteção de dados e privacidade nas organizações tem seguido a lógica conhecida pela sigla em inglês BDUF (*Big Design Up Front*) ou grande design no início. Isso significa desenhar TODA a solução antes de iniciar qualquer execução. É obvio que é necessário planejar antes de fazer. Isso é apenas bom senso. E BDUF é exatamente a abordagem que você deveria usar, por exemplo, em um projeto de construção civil. No entanto, em outros tipos de projetos, a ideia de que é sempre desejável um planejamento detalhado de tudo que irá acontecer, e depois cumprir exatamente o que foi planejado, é, no mínimo, ingênua. Ela descarta a importância do aprendizado e a quantidade de mudanças, no ambiente interno e externo, que ocorrem quando você passa meses só planejando o que vai fazer.

Não há uma metodologia única no mercado que é seguida por todos, ou pela maioria das organizações ou consultorias. Há bastante variedade, por exemplo, no número de fases. A maioria tem de quatro a seis fases, mas há casos de até oito. A abordagem mostrada na Figura 3.1 é uma adaptação do que consideramos uma das melhores encontradas no mercado. É certamente possível ter sucesso com esta abordagem, e muitas empresas tiveram. Mas note que as quatro primeiras fases são somente preparações, levantamentos e análises. A organização só tem mudanças reais na quinta fase, em que todo e qualquer trabalho de implementação de privacidade é feito. Tarefas importantes são feitas primeiro, mas, ao fim desta fase, toda e qualquer pendência deve ter sido resolvida. Além disso, a sexta fase, que dá sustentação após a implantação, não tem uma abordagem metodológica bem estruturada. Todo o foco é na criação do mais completo sistema de privacidade possível na implementação. Mas privacidade não é um projeto, e sim um programa que nunca se encerra. Após o encerramento do cronograma de implantação, a organização estará entregue à sua própria sorte em relação à adaptação e à melhoria contínua de seu sistema de privacidade. Acreditamos que há um jeito melhor.

A Figura 3.2 mostra a visão geral da abordagem ágil para privacidade. Tudo começa com uma ação de Reconhecimento. O Reconhecimento serve para entender a organização, seu contexto, suas capacidades e dificuldades e desenhar os contornos de seu Sistema de Privacidade. O principal produto desta ação é o *Backlog* inicial do Programa de Privacidade. Nele temos os requisitos e ações que identificamos, neste momento, como candidatos à execução. No topo do *Backlog* estão as ações de mais alta prioridade. O Reconhecimento, em princípio, só é rodado uma vez e ele é medido em semanas e não em meses.

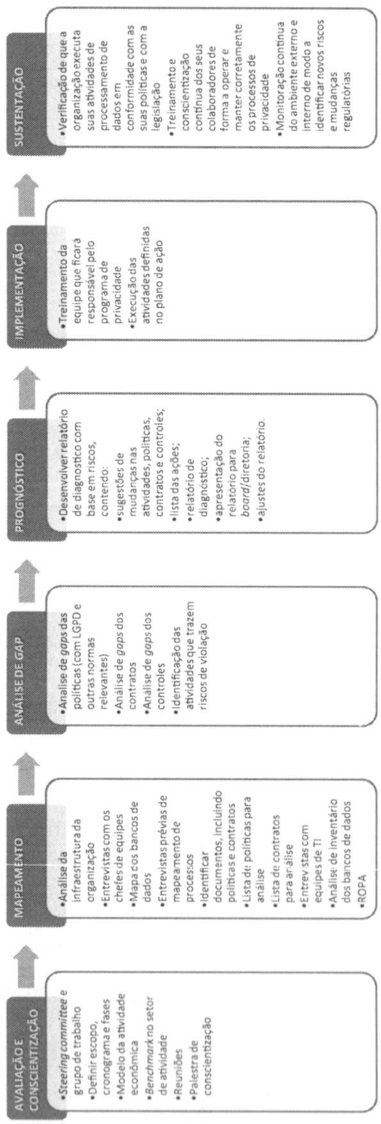

Figura 3.1 – Metodologia tradicional

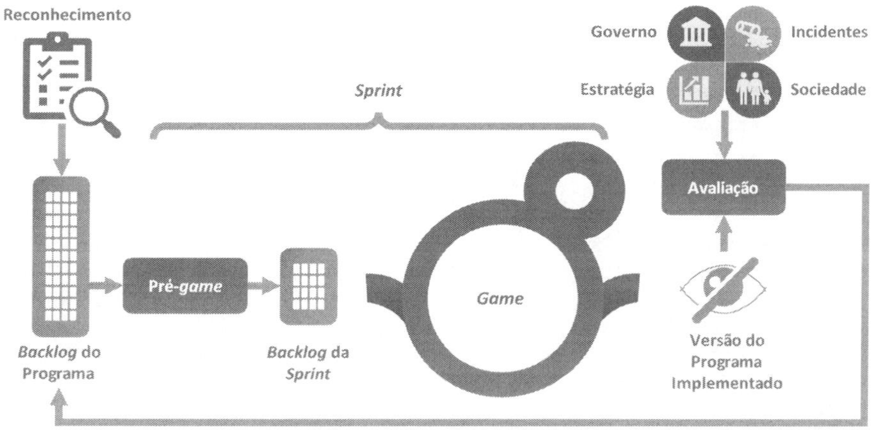

Figura 3.2 – Visão geral da abordagem

Uma vez que temos o *Backlog* Inicial do Programa de Privacidade, podemos executar a primeira *Sprint* de implantação. Uma *Sprint* é um período curto em que concluímos uma determinada quantidade de trabalho. No final de uma *Sprint* sempre teremos uma versão aprimorada do Sistema de Privacidade implantado. Isso é importante! Se, por exemplo, você definir uma primeira *Sprint* com o tamanho de um mês, ao final deste mês você vai ter algo implantado e funcionando. Pode ser pouca coisa. Mas o que você conseguir implantar já vai diminuir os riscos para a organização e para os titulares. Na primeira *Sprint* começamos do zero, mas as seguintes usam o que foi aprendido e construído nas anteriores.

Uma *Sprint* começa com um Pré-*Game*. Nesta etapa são escolhidas as ações do *Backlog* que serão implementadas dentro do período de tempo definido para a *Sprint* e as responsabilidades são distribuídas. É importante que a equipe concorde que a quantidade de ações alocadas é compatível com os prazos e com a carga de trabalho dos envolvidos. Após isso é a etapa de *Game*. No *Game* é que é efetivamente executado o trabalho definido para a *Sprint*. Ao final do *Game* temos uma versão aprimorada do Programa de Privacidade implantado.

É possível que uma *Sprint* se suceda a outra, simplesmente selecionando novas ações no *Backlog*. A Figura 3.3 mostra uma versão simplificada de como esse processo pode funcionar.

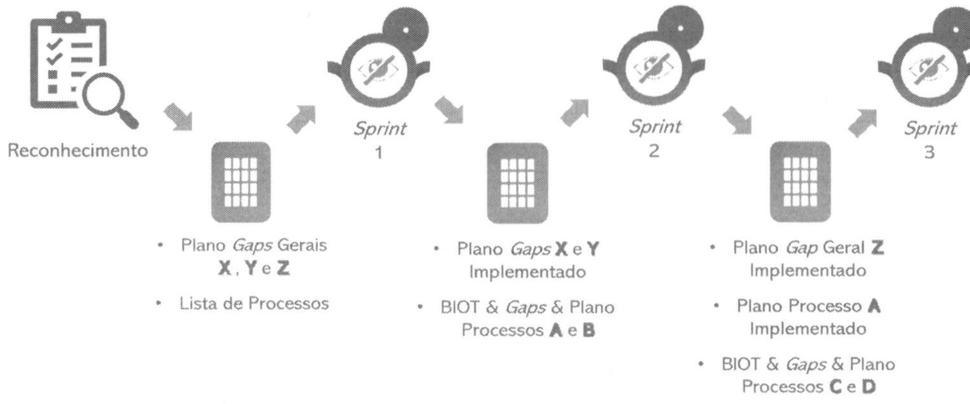

Figura 3.3 – Evolução de *Sprints*

No entanto, também é possível, e em muitos casos recomendado, fazer uma avaliação se o próprio *Backlog* precisa de atualização. A ANPD e outros órgãos do governo podem ter emitido portarias ou normativos. Além disso, o próprio aprendizado da organização pode exigir alterações no *Backlog*. É para isso que serve a ação de Avaliação.

Em princípio, não há fim para este processo. Porém, é possível que o Backlog fique vazio e que nenhuma *Sprint* seja necessária até que uma nova Avaliação sugira ações. O ritmo das *Sprints* é o ritmo que a organização quer dar ao seu programa de privacidade.

3.2. *Gaps* e riscos

Risco é um aspecto importante na LGPD. Em vários momentos ela cita a necessidade da análise de riscos. Em particular, no artigo 50, ela explicitamente define que o controlador e o operador deverão levar em consideração a proporcionalidade entre os riscos e os benefícios decorrentes de tratamento de dados do titular. Por isso faremos uma pausa para estudar o conceito e as técnicas ligadas a riscos.

Vamos mostrar duas definições de risco que podem levar a duas abordagens ligeiramente diferentes.

3.2.1 Primeira definição de risco

A definição clássica, e formalmente mais adequada, de um risco é:

> **O risco é um evento ou condição incerta que, se ocorrer, terá efeito positivo ou negativo sobre pelo menos um objetivo da organização.**

A visão que sai naturalmente desta definição é mostrada na Figura 3.4. O risco é um evento em um futuro possível. Várias causas podem levar este evento a acontecer. Qualquer um que tenha visto um programa sobre acidentes aéreos sabe que um conjunto de coisas tem que ocorrer antes que a situação seja tão grave que o avião caia. No entanto, na análise de riscos empresariais este modelo é, com frequência, simplificado. Escolhe-se a causa que mais contribui para o evento e ela é chamada de causa-raiz. As outras causas ficam implícitas ou são até ignoradas. Assim, em vez de pensar uma situação como: "se atendermos mau um titular e este titular reclamar na ANPD e nossa resposta não for considerada suficiente e nossa defesa não for aceita e o fiscal achar que houve má-fé...", normalmente reduzimos toda a situação a algo como: "se a ANPD impuser uma multa punitiva pesada por processo de atendimento inadequado...".

O risco também tem várias consequências. No caso de um acidente aéreo, frequentemente as ações da companhia aérea e do fabricante do avião têm uma queda. Mas normalmente focamos no efeito principal. No caso, este seria a morte dos passageiros e tripulantes. Na gestão de riscos empresariais, um evento também pode gerar vários efeitos, alguns não passando de mera inconveniência, como a necessidade de preparar uma defesa junto à ANPD, enquanto outros podem afetar a organização em diversos graus. No entanto, tendemos a nos focar na mais importante das consequências, que chamamos de efeito principal. Esse efeito principal poderia ser, por exemplo, a perda de 2% do faturamento.

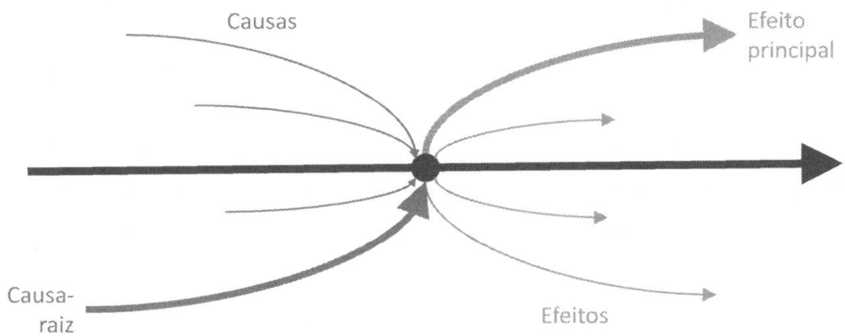

Figura 3.4 – Riscos têm causas e efeitos

Desta visão sai, claramente, a maneira mais correta de descrever um risco. No caso de nosso exemplo, o risco poderia ser descrito como: "**Se** a ANPD impuser uma multa punitiva pesada por processo de atendimento inadequado, **Então** poderemos ter a perda de 2% do faturamento". Este formato "**Se** *<causa-raiz>* **Então** *<efeito principal>*" não só captura a essência do que é um risco, como também facilita a análise, como veremos a seguir.

Probabilidade é o nome que se dá a uma métrica da força das causas de um risco. Quanto mais atuantes são as causas, maior a probabilidade. Uma das maneiras de medir probabilidade é um percentual acima de 0% e abaixo de 100%. Assim, as seguradoras podem estimar que a chance de você se envolver em um acidente de carro, durante os próximos 12 meses, é de 5,6%. O problema é que elas só podem chegar a um número como este porque possuem bases de dados históricas, que são analisadas por profissionais especializados. Esse tipo de análise simplesmente não está disponível para a maior parte dos riscos empresariais. Assim, a maioria das empresas opta por medir a probabilidade usando uma escala de três, cinco ou sete valores. As escalas têm que fazer sentido para o tipo de risco e para a organização. Um exemplo genérico desse tipo de escala é dado no Quadro 3.1.

Quadro 3.1 – Escala de probabilidade

Escala	Critério
Muito alta	É quase certo que ocorra em algum momento no futuro previsível.
Alta	É esperado que ocorra em algum momento no futuro previsível.
Média	Pode ocorrer. Isso é possível em circunstâncias desfavoráveis.
Baixa	Pode ocorrer em algum momento, em circunstâncias excepcionais.
Muito baixa	Nunca ocorreu e não há experiência com um fato semelhante.

Impacto é o nome que se dá a uma métrica da importância dos efeitos de um risco. Quanto mais importantes são os efeitos, maior o impacto. As seguradoras usam um valor em dinheiro para medir impacto. No entanto, as empresas frequentemente lidam com efeitos intangíveis, como no caso do risco de imagem, em que é difícil definir um valor monetário. Assim, novamente, a maioria das empresas opta por medir o impacto usando uma escala de três, cinco ou sete valores. Mais uma vez, as escalas têm que fazer sentido para o tipo de risco e para a organização. Um exemplo genérico desse tipo de escala é dado no Quadro 3.2.

Quadro 3.2 – Escala de impacto

Escala	Critério
Muito alto	Pode fazer com que os principais objetivos e metas organizacionais falhem.
Alto	Pode levar a atrasos significativos ou não cumprimento dos objetivos.
Médio	Pode levar a um moderado atraso ou aumento no custo da realização dos objetivos.
Baixo	Pode levar a um pequeno atraso ou aumento no custo da realização dos objetivos.
Muito baixo	Pode levar a um atraso ou aumento tolerável no custo da realização dos objetivos.

Agora deve ficar claro por que descrever o risco no formato "Se *<causa-raiz>* Então *<efeito principal>*" facilita a análise. Para determinar a probabilidade examinamos a parte "Se", e para determinar o impacto examinamos a parte "Então". A questão que permanece é avaliar o risco de forma que leve em conta tanto a probabilidade quanto o impacto. As seguradoras simplesmente multiplicam a probabilidade percentual pelo valor do bem para obter o que chamamos de exposição. A **exposição** é qualquer métrica que avalie a importância do risco levando em consideração probabilidade e impacto. No caso de usarmos escalas de cinco valores para as dimensões básicas do risco, uma maneira de medir a exposição é usar uma matriz como a da Figura 3.5.

Note que, apesar de termos cinco valores de probabilidade e cinco de impacto, temos apenas três níveis de exposição ao risco: risco alto, risco médio e risco baixo. É claro que podemos ter mais níveis e a matriz pode ser diferente. Mas esses três níveis são os mais comuns. E as organizações costumam definir políticas diferenciadas para esses níveis de risco.

PROBABILIDADE \ IMPACTO	MUITO BAIXO	BAIXO	MÉDIO	ALTO	MUITO ALTO
MUITO ALTO	MÉDIO	MÉDIO	ALTO	ALTO	ALTO
ALTA	BAIXO	MÉDIO	MÉDIO	ALTO	ALTO
MÉDIA	BAIXO	MÉDIO	MÉDIO	MÉDIO	ALTO
BAIXA	BAIXO	BAIXO	MÉDIO	MÉDIO	MÉDIO
MUITO BAIXO	BAIXO	BAIXO	BAIXO	BAIXO	MÉDIO

Figura 3.5 – Matriz de exposição ao risco

A distribuição das cores na Matriz de Exposição ao Risco reflete o apetite da organização em relação ao tipo de risco analisado. Se ela tiver mais verde e menos vermelha, isso significa que a organização tem maior disposição de conviver com os riscos. Se, ao contrário, ela tiver mais vermelho e menos verde, isso significa que a organização é menos tolerante ao tipo de risco analisado.

As respostas ao risco tendem a levar em consideração o nível do risco. Riscos mais altos tendem a merecer respostas mais fortes. No entanto, o gestor não deve usar isso como único critério. É essencial que se faça uma análise de custo/benefício. Uma resposta forte a um risco alto pode custar muito caro. Nesse caso, uma resposta um pouco mais fraca, mas mais barata, pode ser adequada. Por outro lado, um risco mais baixo pode ter uma resposta muito barata.

As respostas a riscos podem ser divididas em dois grandes grupos: reativas e proativas. As respostas reativas são aplicadas após a incidência de um risco, ou seja, quando ele se tornou um fato real, ou quando ele está na iminência de se tornar realidade. As respostas proativas são aplicadas antes que um risco tenha chance de se tornar realidade.

Há dois tipos de resposta reativa: a aceitação passiva e a aceitação ativa. Na **aceitação passiva** não fazemos nada. O risco é considerado tolerável como ele está. Na **aceitação ativa** fazemos um plano para o caso de ele se tornar realidade. A ação reativa, neste caso, é chamada de contingência e o plano é um plano de contingência. Podemos, por exemplo, criar um plano de como proceder no caso de um *notebook* com dados de nossos clientes ser roubado.

Há vários tipos de resposta proativa:

- **Mitigação de probabilidade** – Implementamos ações que diminuem a probabilidade de um risco ocorrer. Por exemplo, instalamos um *firewall* que dificulte que *hackers* tenham acesso a nossos bancos de dados.
- **Mitigação de impacto** – Implementamos ações que diminuem o impacto no caso de um risco ocorrer. Por exemplo, podemos instalar *nobreaks* que permitam que uma parte de nossa rede continue operando e atendendo nossos titulares no caso de uma queda de luz.
- **Transferência** – Implementamos ações que não alteram nem a probabilidade e nem o impacto, mas transferem o prejuízo com o impacto para outra entidade. O exemplo clássico é a aquisição de diversos tipos de seguro.
- **Evitar o risco** – Trata-se de um exemplo radical de mitigação de probabilidade em que o risco é zerado. Por exemplo, se desconectamos um equipamento da Internet de forma que ele nunca seja acessível de fora de uma rede local, fazemos que a invasão por um *hacker* via Internet seja impossível. Evitar um risco tem, geralmente, consequências indesejáveis. O isolamento do equipamento em nosso exemplo pode prejudicar a sua utilidade para o negócio.

Não há nada de errado com a primeira definição de risco. De fato, é nossa opinião que ela é, tecnicamente, a mais adequada. No entanto, sua aplicação nos programas de privacidade tem levado, comumente, a grandes dificuldades e erros. O Quadro 3.3 mostra exemplos reais de descrições de riscos encontrados no mercado.

Quadro 3.3 – Alguns "riscos" encontrados no mercado

#	Risco
1	A estratégia para endereçar o tema de privacidade e proteção de dados não consegue ser atingida por não se desdobrar em ações efetivas, mensuráveis e monitoráveis.
2	A organização, enquanto atua na posição de operadora, realiza o tratamento de dados pessoais além dos instruídos pelo controlador, dessa maneira passando também a se caracterizar como controladora e ampliando o seu escopo de obrigações para com os titulares dos dados.
3	A organização não possui entendimento claro de qual seu papel como agente de tratamento de dados pessoais, elevando o risco de não aderência regulatória.
4	As organizações podem ignorar ou não estar cientes de que não podem reaproveitar dados pessoais em novos usos sem buscar o consentimento novamente. Nesse caso, a organização pode não cumprir as exigências da LGPD.

Lembre-se de que um risco tem que poder ser descrito no formato "Se <*causa*> Então <*efeito*>", mas qual o "se" e o "então" no risco 1? Ele descreve uma situação que pode ser verdadeira, e neste caso temos 100% de probabilidade ou falsa (0%). No caso do risco 2 não há dúvida. Ele é um fato e, assim, tem 100% de chance de ocorrer. Mas pode ocorrer de a organização cumprir as suas obrigações. Neste caso há risco? E se ela não cumprir? O que está escrito no suposto risco 2 não nos ajuda a avaliar esse risco.

O caso do risco 3 é interessante. Ele aparentemente tem um formato Se/Então. Mas a consequência citada é o aumento do risco. Esse "impacto" de elevar o risco não ajuda. E, novamente, a parte do "Se" pode ser verdadeira ou falsa. Não há uma probabilidade ligada a ela.

No caso do risco 4, temos algo próximo de um risco verdadeiro. Se estamos analisando um conjunto de organizações, há uma probabilidade de algumas delas não estarem cientes da necessidade de atualizar o consentimento. E o impacto estaria ligado à não obediência da lei. O problema é que este risco só faz sentido para um grupo de organizações. Se analisarmos uma organização específica, ou a organização está ciente da necessidade ou não está.

Na verdade, nenhuma dessas coisas são riscos. Elas são requisitos para maturidade em privacidade, e o não cumprimento desses requisitos pode levar a riscos:

- Ter ações efetivas, mensuráveis e monitoráveis para privacidade.
- O operador só pode fazer os tratamentos designados pelo controlador.
- A organização deve possuir entendimento claro de qual seu papel como agente de tratamento.

- A organização e seus colaboradores devem estar cientes de que não podem dar novos usos aos dados pessoais sem buscar o consentimento novamente.

Somos da opinião de que, se uma organização não consegue aplicar um método, a culpa pode ser da organização. Mas quando a maior parte das empresas e consultorias tem dificuldade de aplicar um método, talvez o problema seja do método. Talvez ele exija demais. O que oferecemos a seguir é uma alternativa que é bem mais fácil para as organizações e traz resultados similares.

3.2.2 Segunda definição de risco

A abordagem alternativa começa com a nossa segunda definição de risco. A definição a seguir é ligeiramente adaptada do "ISO guide 73" [9], que define vocabulário para gestão de riscos.

Risco é o efeito, em termos de desvio do esperado, da incerteza sobre os objetivos.

Em um mundo ideal, a organização definiria seus objetivos e traçaria um plano passo a passo de como chegar neles. Mas a incerteza diminui a eficácia de nossos planos, fazendo com que ocorram desvios entre o que gostaríamos de atingir e o que realmente conseguimos.

Note que esta definição pode ser mapeada na primeira: "o risco é um evento ou condição incerta que, se ocorrer, terá efeito positivo ou negativo sobre pelo menos um objetivo da organização". A ocorrência ou não dos eventos é a incerteza citada na segunda definição. Os efeitos, no caso deles ocorrerem, são os desvios do esperado nos objetivos. No entanto, a análise em termos de causa e efeito, probabilidade e impacto, não é tão evidente. Nesta definição é mais provável que perguntemos coisas como: quanta incerteza é devida ao nosso ambiente? Quão vulneráveis estamos a este ambiente? Qual o tamanho do desvio em nossos objetivos que esta incerteza pode gerar? Quão importante são estes objetivos para nós? Uma análise que nasce dessas perguntas é:

Exposição = Ameaças • Vulnerabilidades • Importância dos objetivos

Ou seja, nossa exposição depende do tamanho das ameaças externas, de nossa vulnerabilidade a essas ameaças e da importância dos objetivos que são afetados caso uma ameaça explore uma vulnerabilidade. A análise que vamos usar é uma simplificação desta, que é mais fácil para nossos propósitos e gera resultados similares.

Exposição = 1/Maturidade • Importância dos desvios

Vulnerabilidade e maturidade são conceitos antitéticos. Quando nossa maturidade é alta a nossa vulnerabilidade é baixa e vice-versa. Porém, maturidade é um conceito mais concreto que vulnerabilidade. No caso da maturidade, precisamos nos perguntar o quão longe estamos daquilo que é considerado a melhor prática possível. Talvez nosso processo tenha pequenas imperfeições e nossa maturidade seja alta. Talvez estejamos no meio do caminho. Em alguns casos existem até *checklists* que permitem medir a maturidade de certos assuntos.

Podemos avaliar a importância dos desvios levando em consideração tanto o ambiente externo atual quanto a importância dos objetivos. Empresas têm diversos objetivos como: cumprir a lei, evitar custos, proteger a própria imagem e, espera-se, respeitar o titular dos dados. Esses objetivos não têm a mesma importância. Certas empresas, por exemplo, são extremamente ciosas de sua imagem, enquanto outras não se importam de ser consideradas antipáticas. Por outro lado, o ambiente pode ser mais ou menos hostil em relação aos objetivos. A atuação de órgãos públicos na fiscalização e na punição, por exemplo, não é homogênea ao longo do tempo e em relação ao tipo de organização. As ameaças para uma organização de grande porte podem ser maiores do que para uma organização de pequeno porte. Em compensação, no caso de uma ameaça se materializar, a organização de pequeno porte pode sofrer um desvio maior. A avaliação deve ser em termos de um desvio esperado dos objetivos, levando em conta o cenário mais provável e a importância dos próprios objetivos.

A exposição aos riscos pode ser, novamente, medida em uma Matriz de Exposição ao Risco como a da Figura 3.6. A diferença é a inversão da escala da maturidade: quanto menor for a maturidade, maiores são a vulnerabilidade e a exposição. A importância dos desvios esperados toma o lugar da escala de impacto. Novamente, a distribuição das cores na Matriz de Exposição ao Risco reflete o apetite da organização em relação ao tipo de risco analisado. Vale lembrar que a segunda definição é equivalente à primeira. Isso significa que estamos levando em conta a probabilidade e o impacto para calcular a exposição. A diferença está apenas no método de cálculo.

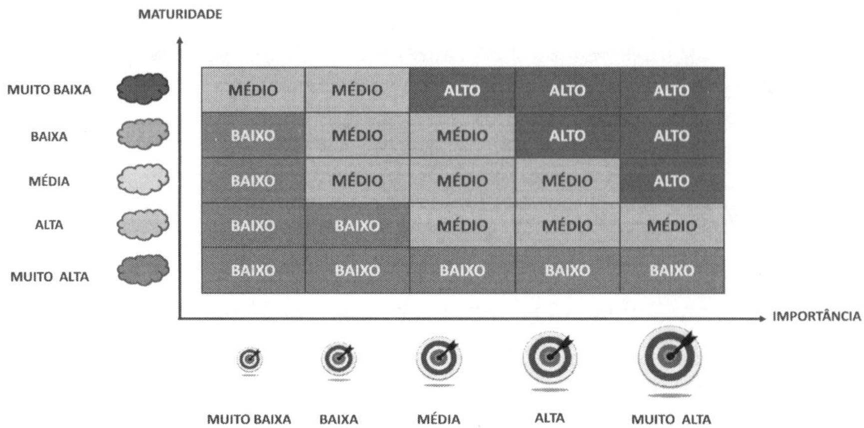

Figura 3.6 – Matriz de Exposição (Maturidade x Importância)

O uso desta matriz pode ser esclarecido com alguns exemplos. Esses exemplos são hipotéticos e não uma recomendação de como os casos descritos deveriam ser avaliados. Cabe a cada organização avaliar cada situação individualmente.

Digamos que estamos analisando o aspecto "Atendimento ao titular", que afeta a organização como um todo. E digamos que a situação atual seja a descrita a seguir: o e-mail do Diretor de TI está divulgado como encarregado no site da organização. Não há forma de validar a identidade do titular e os processos de atendimento de solicitações não foram desenhados.

A organização pode avaliar que sua maturidade é baixa (alta vulnerabilidade). É verdade que ela já possui um canal de atendimento, mas ele não valida a identidade do titular e não há processo formalizado que garanta o atendimento. Este fator afeta direta e fortemente diversos objetivos: respeitar o titular dos dados, cumprir a lei, evitar custos (com multas e processos) e proteger a imagem da empresa. Assim, a organização avalia, por exemplo, que a importância dos desvios é muito alta. Usando a matriz, encontramos uma exposição alta.

Em outro exemplo, digamos que a mesma organização esteja analisando o aspecto da segurança dentro do âmbito do processo "Gerir Folha de Pagamento". Ela descobriu que os usuários do sistema de RH não são obrigados a trocar senhas ou garantir senhas fortes. A organização tem dez funcionários em folha e não acredita que auditorias foquem nesse ponto.

A organização acredita que seja uma boa prática o uso de senhas fortes, trocadas periodicamente. No entanto, ela também acredita que este seja um ponto de importância secundária e não há falhas graves como o compartilhamento de senhas. Assim, ela avaliou que, no aspecto segurança, no âmbito do processo analisado, a sua maturidade é média (vulnerabilidade média). Além disso, dado o pequeno número de funcionários e dada a ausência de dados sensíveis, ela acredita que a importância de desvios explorando essa vulnerabilidade é muito baixa. Usando essa autoavaliação e a matriz de exposição, ela define que esse risco é baixo.

Note que, como falamos, o nível de exposição ao risco é um importante componente de sua priorização. Mas um risco ser classificado como baixo, em um determinado momento, não exclui a possibilidade que ele aumente sua exposição mais adiante. Riscos devem ser reanalisados periodicamente. Além disso, talvez, o esforço de uma ação corretiva seja tão baixo que justifique tomá-la. Alguns softwares têm configurações de segurança que, se ativadas, passam a exigir senhas fortes. Ligar uma opção nas configurações de administração de um software exige pouco ou nenhum esforço.

Usando este segundo método de análise da exposição, não há mudança significativa nas estratégias de resposta aos riscos. A única diferença é que falamos de aumentar a maturidade (diminuir a vulnerabilidade) e proteger os objetivos em vez de mitigar a probabilidade e mitigar o impacto, respectivamente.

Seja qual for a estratégia adotada, uma forma interessante de acompanhar os riscos é através de um mapa de calor. O mapa de calor da Figura 3.7 mostra uma situação em que a organização tem apenas seis riscos. O mapa mostra a localização dos riscos, ou, mais comumente, a quantidade total de riscos, em cada uma das células da matriz de exposição aos riscos. É fácil perceber que o perfil geral de riscos está entre médio e alto. Isso não é uma situação confortável. Mais que analisar cada risco individualmente, a organização deve fazer uma análise de custo/benefício de modo que o perfil geral dos riscos, tal como mostrado no mapa de calor, esteja adequado ao apetite de risco da organização.

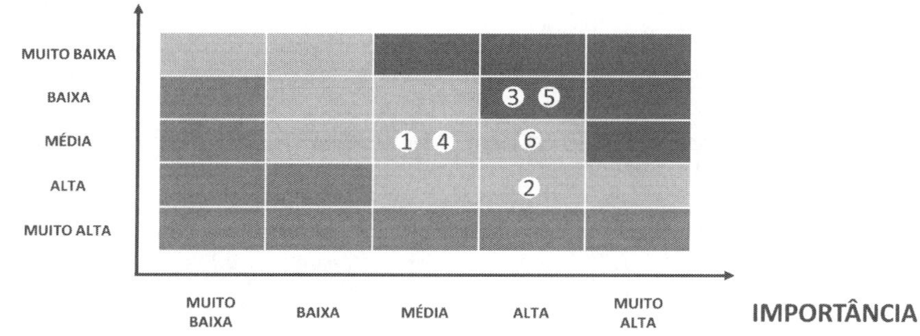

Figura 3.7 – Mapa de Calor

3.3. Reconhecimento

O Reconhecimento é a primeira ação em um Programa de Privacidade Ágil e vamos passar a nos dedicar a ele. Mas antes precisamos falar sobre as pessoas a cargo dele. Certamente é possível, para uma grande empresa, contratar como funcionários especialistas em privacidade e implantar o programa internamente. No entanto, para a maioria das organizações, a contratação de consultores e mentores de privacidade, pelo menos nas primeiras iterações do programa, é uma necessidade. A equipe a cargo da implantação deve ser multidisciplinar. Não é comum que um advogado saiba a diferença entre um *cookie* e um *pixel*. Também não é comum que um especialista em tecnologia compreenda o impacto das especificidades do Direito brasileiro, em comparação com o europeu, em relação à interpretação do interesse legítimo. Uma equipe de especialistas bem informados em assuntos fora de sua especialidade é o que parece funcionar melhor. Equipes desse tipo podem ser contratadas no início do programa de privacidade e ficar a cargo das ações iniciais, como o Reconhecimento e as primeiras *Sprints*. Com o tempo, a organização pode assumir a responsabilidade pelo Programa. Mesmo assim, é interessante que a organização tenha acesso a mentores externos que ajudem a avaliar e evoluir o programa.

Privacidade Ágil foi desenvolvida com a ideia de que um time externo de consultores e mentores em privacidade ajudará a empresa. A abordagem pode ser facilmente adaptada para uso de um time interno, mas tenha em mente que temos a estrutura externa como premissa quando explicamos os métodos e as técnicas.

A principal finalidade da ação de Reconhecimento é criar a versão inicial do *Backlog* do Programa de Privacidade. Neste *Backlog* estão todas as ações identificadas para implantação ou melhoria do Programa de Privacidade, independentemente se a organização tem intenção de implantar essas ações no curto prazo ou não. Vamos falar como este *Backlog* deve ser montado. Mas antes há outras questões no Reconhecimento que precisam ser abordadas.

3.3.1 A organização e seu ecossistema

As organizações não são iguais. Elas têm diferentes portes tanto em faturamento quanto em número de colaboradores. Elas podem ser empresas do ramo agropecuário, industrial, comercial ou de serviços. Podem ser organizações privadas ou estatais. Podem ter foco no consumidor final (*Business to Consumer*), em outras empresas (*Business to Business*) ou até mesmo serem *marketplaces* (*Business to Business to Consumer*). O sistema de privacidade tem que se adequar a todas essas variáveis.

Assim, uma das primeiras tarefas é uma análise do modelo de atividade da organização em seu ecossistema. O uso do *canvas* Visão Satélite da Figura 3.8 não é obrigatório, mas ele pode ser feito muito rapidamente e ajuda a ter uma visão inicial do negócio da organização.

O *canvas* exemplo é de uma *startup* fictícia chamada *Start and Fin*. Ele é dividido em somente quatro áreas, sendo que a área superior, de limitadores, é dividida entre agentes reguladores e normativos e legislações.

- **Visão Clientes e Pessoas** – Aqui expressamos os produtos da organização e seu público-alvo. Também listamos outras pessoas cujos dados podem ser coletados para fins de negócio. Esta visão provê uma primeira ideia dos titulares envolvidos nos produtos da organização.
- **Visão Interna** – Aqui expressamos informações sobre a organização que vão nos ajudar a ajustar o Programa de Privacidade. Esta visão contém informações como: o porte da organização (faturamento e número de colaboradores), organograma de lideranças e maturidade dos processos e do negócio.
- **Visão Fornecedores e Parceiros** – Aqui expressamos os principais fornecedores e parceiros da organização. Esta visão provê uma primeira ideia de empresas que possam atuar como operadoras de dados pessoais para a organização.
- **Visão Limitadores** – Aqui expressamos entidades reguladoras e normativos para o negócio da organização. Esta visão tenta identificar possíveis fontes de regramentos de privacidade específicas que afetem a organização.

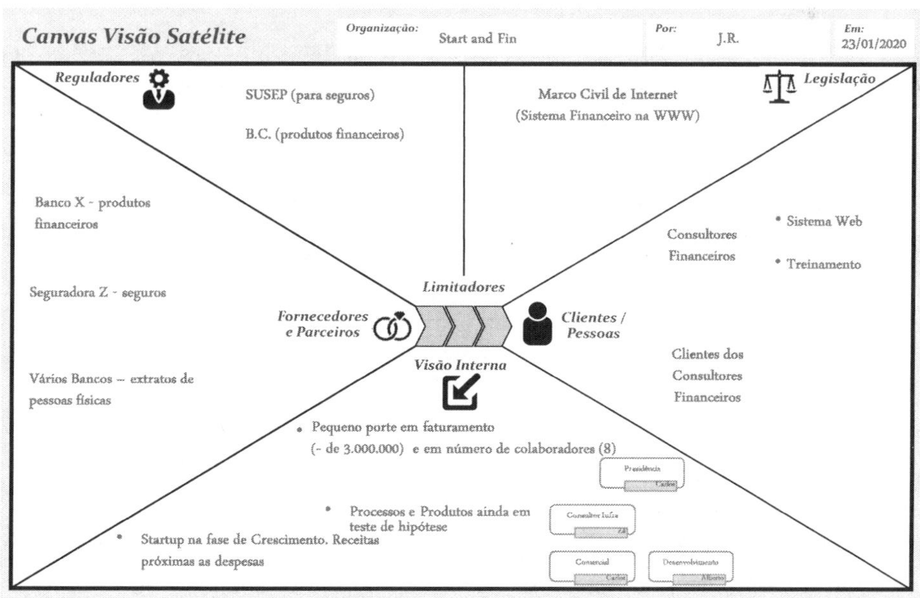

Figura 3.8 – *Canvas* Visão Satélite

3.3.2 Criando urgência

De acordo com John Kotter [10], as primeiras fases de um processo de mudança bem-sucedido são: estabelecimento de senso de urgência, criação de uma coalizão administrativa, desenvolvimento de uma visão e estratégia e comunicação da visão da mudança.

Falta de senso de urgência é um problema comum. Algumas das maiores causas de complacência em relação à LGPD e à privacidade é o fato de, com frequência, os membros da organização não se verem em uma crise iminente envolvendo o assunto, e, por vezes, as lideranças estão em negação em relação às consequências da legislação. A ideia é que apenas grandes empresas, e somente no futuro, serão afetadas pela LGPD. Esta é uma aposta perigosa e não reflete o que aconteceu na Europa. Já no fim de 2018, as autoridades de proteção de dados alemãs enviaram uma multa de € 5.000 a uma pequena empresa chamada Kolibri Image. Para uma empresa que pensava estar fora do radar das autoridades, não foi uma multa leve. Além disso, mesmo na ausência de multas, o risco de processo civil para indenização e danos potenciais para a imagem da empresa são reais. Já no início do Reconhecimento, a liderança da organização deve deixar clara sua preocupação e sustentar um senso de urgência durante todo o programa, principalmente em suas iterações iniciais.

Ainda segundo Kotter, o grupo responsável pela mudança deve ter algumas características:

- **Poder de posição:** colocar no time jogadores-chave suficientes, especialmente a alta liderança da organização, de modo que aqueles que não estão engajados não possam bloquear facilmente o progresso.
- **Experiência:** garantir que há jogadores no time com experiência nos diversos tipos de especialidades (ex.: jurídico, tecnologia, negócios) necessários para a tomada de decisão.
- **Credibilidade:** colocar no grupo pessoas suficientes com boa reputação na empresa, para que o programa seja levado a sério pelos colaboradores.
- **Liderança:** o grupo deve incluir líderes capazes de conduzir o processo de mudança.

Em empresas de maior porte isso pode significar a criação de um **Comitê de Privacidade** com representantes de diversas áreas da organização. Mas também é possível que, em uma pequena empresa, um dos sócios, uma pessoa que seja o ponto focal da organização e um ou dois consultores externos, tenham, trabalhando juntos, todas as características necessárias para formar o grupo responsável por guiar o programa.

Finalmente, temos a questão de desenvolver e comunicar a visão e a estratégia da mudança. Aqui, não encontro forma melhor que comunicação clara e contínua e ações de mentoria e treinamento.

3.3.3 *Kick-off* e palestra de conscientização

A mentoria em privacidade atua através de análises de casos concretos. O trabalho é um esforço conjunto do profissional especialista e do mentorado, na busca de soluções que salvaguardem tanto as necessidades da organização quanto os direitos do titular e as exigências da lei. O mentor pode conhecer muito mais de privacidade e das técnicas correlatas, mas os mentorados conhecem o negócio. O profissional especialista tem sempre em mente a busca do equilíbrio entre os interesses do ser humano e do processo executado. É através da união desses profissionais que será encontrada a melhor solução para minimizar os impactos ao real dono da informação, com o menor efeito possível ao negócio.

Nessas análises dos casos concretos, o profissional especialista deve avaliar quando executar ações com indivíduos específicos, com grupos e até mesmo com a organização como um todo.

Duas grandes oportunidades de comunicar os desafios da privacidade e passar conhecimento sobre a realidade específica da organização ocorrem já no início do programa: o *kick-off* e a palestra (ou palestras) de conscientização.

O *kick-off* é o primeiro encontro da equipe especialista em privacidade que estará a cargo da organização do programa e a equipe da empresa que será primariamente envolvida no programa. Ele apresenta os membros dos dois grupos e discute as respectivas funções.

É importante que os próximos passos sejam introduzidos. A apresentação de uma visão geral do programa é útil para que os envolvidos saibam as linhas gerais do que será feito. No entanto, ações concretas mobilizam mais do que planos abstratos. O passo mais importante em uma caminhada é sempre o próximo.

Como dissemos, em organizações maiores uma estrutura de privacidade pode ser criada, o que inclui um **Comitê de Privacidade**. O Comitê de Privacidade é um órgão de tomada de decisão dentro da estrutura de governança do programa de privacidade. Ele é composto pela direção da organização e outros tomadores de decisão que fornecem, revisam e monitoram a direção do programa. O comitê decide sobre as prioridades e administra o curso geral das atividades do programa.

Em organizações menores, em que é possível um contato direto e imediato com sócios e diretores via, por exemplo, ferramentas como grupos WhatsApp, o programa pode ter uma organização menos formal. Mesmo assim, é importante definir os papéis de cada uma das partes. Nós sempre achamos útil definir um ponto de contato entre os especialistas em privacidade e a organização. Para um consultor externo, por exemplo, a simples atividade de marcação de reuniões pode ser imensamente facilitada por um ponto de contato único.

Além de definir a estrutura e as responsabilidades no programa e informar os próximos passos, o *kick-off* é uma oportunidade importante de mentoria. Só porque uma organização está começando a implantar um programa de privacidade não significa que todos os gestores presentes no *kick-off* entendam do que se trata. É importante uma introdução rápida sobre temas como:

- **Contexto e história da privacidade e da LGPD** – Como a privacidade se tornou um assunto importante; a Europa e a GDPR; como a LGPD foi criada no Brasil.
- **Direitos dos titulares** – Quais são os principais direitos dos titulares e o que se espera das organizações em relação a esses direitos.
- **Programa de Privacidade** – O que é um programa de privacidade e quais são seus principais componentes.

Após o *kick-off*, devem ser oferecidas palestras ou pequenos treinamentos para o resto da organização. O ideal é que todos recebam pelo menos informação básica sobre o tema privacidade. Tomadores de decisão devem receber um pouco mais. Temas como os 10+1 princípios da LGPD, bases legais de tratamento, agentes de tratamento, ANPD e sanções administrativas e papel do DPO estão entre os assuntos que geram mais interesse e impacto. É importante que essas palestras sejam motivadoras. Sempre que podemos, procuramos lembrar aos colaboradores da organização que eles também são titulares. Pedimos que eles imaginem quanto a LGPD retorna o controle de sua privacidade de volta para eles. Então lembramos que eles devem demonstrar o mesmo respeito e carinho que querem para com os titulares de dados da organização.

3.3.4 O que levantar?

O reconhecimento tem dois objetivos básicos. O primeiro é gerar evidência de que a organização já se moveu em busca de conformidade com a lei. O princípio da boa-fé é central da LGPD. Simplesmente não é possível se adaptar instantaneamente. No caso da necessidade de qualquer defesa, seja diante da ANPD, seja diante da justiça, a empresa deve ser capaz de mostrar evidências de que está a caminho. Assim, é aconselhável que, ao final do Reconhecimento, seja gerado um documento formal com os resultados. O segundo objetivo, porém, é o mais importante.

A principal razão de ser do Reconhecimento é gerar a primeira versão do *Backlog* do Programa de Privacidade. Assim, é natural que se questione o que entrará nessa primeira versão. A resposta é: o máximo de itens possível que faça sentido ser levantado nesse primeiro momento. Em particular, temos esses quatro temas, que detalharemos a seguir:

- Práticas de governança existentes.
- Segurança da informação.
- Processos.
- Contratos.

O Art. 50 da LGPD define que a Governança de Privacidade deve estar integrada à estrutura geral de governança. Dependendo do porte, do ambiente regulatório e da estratégia da organização, ela pode já ter práticas de governança em relação a gestão de processos, gestão de conformidade e até gestão de riscos empresariais. Se essas práticas existirem, é importante que elas sejam conhecidas pela equipe de privacidade. Muitas organizações pequenas têm, pelo menos, um código de conduta, ainda que seja seu único documento de governança. Esse código pode ter que ser expandido para incluir privacidade. Em direção ao outro extremo, a organização pode ter sido pressionada pelos seus clientes a ter uma certificação ISO 9000. Nesse caso, os processos de privacidade devem ser compatibilizados com o manual de qualidade. Além disso, é possível que a organização tenha se antecipado em relação a alguma prática de governança de privacidade. O levantamento das práticas atuais de governança deve ser feito por coleta e análise de documentação.

Sem segurança da informação não há privacidade. Assim, é absolutamente necessário analisar as práticas de segurança da organização. Uma das maneiras de fazer isso é pela comparação com as práticas da norma ISO 27002. Confesso que não sou fã das normas de gestão ISO. Elas costumam induzir práticas excessivamente burocráticas e, muitas vezes, não geram os benefícios esperados. No entanto, as normas ISO são extremamente úteis quando usadas como *checklists*. Você não precisa seguir à risca o que a norma diz e, certamente, não precisa obter certificações. Mas ao se comparar com o que diz a norma ISO 27002 você está avaliando suas práticas em relação a um modelo extremamente restritivo e exigente.

Por exemplo, somente em relação à concessão de senhas, a ISO 27002 especifica, entre outros conselhos: solicitar aos usuários a assinatura de uma declaração dos termos e condições da contratação, para manter a confidencialidade de suas senhas; fornecer, inicialmente, senhas seguras e temporárias e obrigar o usuário a alterá-las imediatamente; estabelecer procedimentos para verificar a identidade de um usuário antes de fornecer uma senha temporária; ao fornecer senhas temporárias, evitar o uso de correio eletrônico de terceiros ou desprotegido (texto claro); as senhas temporárias devem ser únicas e difíceis de ser adivinhadas; os usuários devem acusar o recebimento de senhas.

Você não precisa, necessariamente, seguir todas essas práticas. Talvez acredite que, por exemplo, se a senha temporária expirar rapidamente, o usuário não precisa acusar recebimento. Talvez até pense que isso seria uma bobagem. Não importa. O mero ato de comparar suas práticas com uma norma restritiva como esta faz com que você avalie se suas práticas fazem sentido. Esse é o propósito do reconhecimento de segurança.

É dentro dos processos da organização que os dados pessoais são tratados. Assim, é importante saber quais desses processos usam dados pessoais. A análise dos processos pode se dar em diversos níveis de detalhes. Quando o objetivo é o mapeamento detalhado do processo, para criar o que chamamos de BIOT (Base de Informações de Operações de Tratamento), que veremos na seção 3.5, isso pode levar considerável tempo e esforço. Mas se o objetivo é apenas fazer um levantamento prévio para identificar onde as operações de tratamento de dados pessoais ocorrem na organização e algumas informações básicas, uma entrevista de uma hora pode levantar diversos processos sob responsabilidade do entrevistado. É esse levantamento básico que normalmente é feito no Reconhecimento.

Não se deve julgar, *a priori*, que uma área ou processo não trata dados pessoais. Essa conclusão deve sair da entrevista e não ser usada como premissa para guiá-la. No caso de um processo usar dados pessoais, podemos fazer uma série de questões:

- Quais são os dados usados? Há dados sensíveis?
- Qual o volume desses dados?
- O processo coleta esses dados? Se não, de onde eles vêm na organização?
- Qual é o uso que o processo dá aos dados pessoais?
- Que sistemas ou outros ativos de TI são usados no tratamento?
- Por quanto tempo os dados são armazenados?
- Os dados são compartilhados ou transferidos para terceiros?

Note que essas informações já poderiam ser usadas em uma versão preliminar da Base de Informações das Operações de Tratamento (BIOT). Depois podemos revisitar esses processos nas *Sprints* de implementação para uma versão mais bem trabalhada. Outra opção é apenas registrar o que for possível levantar rapidamente sem grandes comprometimentos. Esse registro provisório será uma das entradas para a análise das operações de tratamento na implantação. Essa segunda abordagem é a que recomendamos. Isso porque, durante o Reconhecimento, a organização ainda não decidiu sobre suas políticas e ferramentas. A opção de criar um BIOT preliminar pode aumentar desnecessariamente o esforço de reconhecimento e gerar retrabalho mais tarde.

Lembre-se de que não se está fazendo julgamento dos processos em si. Pode ser que o especialista encontre processos claramente ineficientes. O objetivo não é melhorar os processos e nem mesmo documentá-los em detalhes. Estamos à procura apenas de informações sobre o uso dos dados pessoais.

No levantamento dos processos já obtemos informações sobre o contato das empresas com outras entidades, quer sejam pessoas jurídicas ou pessoas físicas, com quem ela mantém um relacionamento contratual. Isso deve ser complementado com um levantamento dos contratos existentes. Há contratos com terceiros prestadores de serviço, em que a organização assume o papel de controladora de dados pessoais. Há contratos em que ela assume o papel de operadora para outras empresas. E também há contratos com pessoas físicas em que a relação titular-controlador se estabelece. Contratos existentes com terceiros e minutas de contratos devem ser levantados e analisados.

Há um caso especial em que o processo sugere que deveria haver um contrato que definisse responsabilidades de tratamento de dados pessoais, mas o contrato não existe. Um exemplo é quando *startups* contratam microempresas individuais como colaboradores. É muito comum que apenas um contrato verbal se estabeleça. No entanto, no caso desses colaboradores terem acesso a dados pessoais, é importante que um contrato exista. Nesse caso, é a ausência de um contrato que é registrada no levantamento.

3.3.5 *Gaps* e priorização

Após o levantamento, o próximo passo é a análise de *gaps*. Vale lembrar a maneira que recomendamos para medir a exposição a riscos em privacidade:

Exposição = 1/Maturidade • Importância dos Desvios

Para avaliar a maturidade, devemos nos perguntar o quão longe estamos do que é considerada a melhor prática possível. Quando nossa maturidade é alta, a nossa vulnerabilidade é baixa e vice-versa. Para a importância dos desvios, levamos em consideração tanto o ambiente externo atual quanto a importância dos objetivos. Objetivos podem ter diferentes importâncias e o ambiente pode ser mais ou menos hostil em relação a eles. Vamos aplicar essa visão para as quatro áreas de análise do Reconhecimento.

A maturidade da segurança da informação pode ser avaliada pela comparação com as práticas recomendadas pela norma ISO 27002, desde que sejam aplicáveis à organização. Se, por exemplo, a organização não terceiriza o desenvolvimento de sistemas, qualquer recomendação sobre terceirização é inaplicável. No entanto, mesmo que as recomendações sejam aplicáveis, deve haver uma análise da importância dessas recomendações. Segurança é, sem dúvida, um objetivo de alta prioridade para privacidade. No entanto, a importância das ameaças varia. Se uma empresa foca em B2B, e os principais dados pessoais que tem são os de seus oito colaboradores, ela pode ter, do ponto de vista da privacidade, uma segurança mais leve do que uma empresa que foca em B2C e que tem dados sobre consumo e número de cartão de crédito de centenas de milhares de pessoas. Além disso, as diversas práticas têm diferentes impactos na segurança geral da organização. Controle da segurança física e do ambiente em uma empresa que tem seus servidores na Amazon não parece ser tão importante comparado a uma que tem *datacenter* próprio. Lembre-se de que não estamos avaliando a segurança para o negócio como um todo. Nosso foco é privacidade. Não é errado que a organização aproveite o programa de privacidade como oportunidade para resolver outras questões importantes para ela, mas se essas questões não gerarem *gaps* para a privacidade, elas não devem ser registradas no *Backlog* do Programa de Privacidade.

Em seguida, temos os *gaps* referentes à Governança de Privacidade. Frequentemente a maturidade dos itens nessa área de análise é mínima. Estamos, afinal, implantando um Programa de Privacidade e não é esperado que a empresa tenha se antecipado e criado artefatos para ele. Mais adiante falaremos dos itens que compõem um sistema de privacidade. Estes são os itens avaliados. Embora a maioria desses itens seja necessária para o programa e tenha que ser eventualmente implantada, eles não costumam ter a mesma importância. Os processos de atendimento ao titular, por exemplo, têm importância mais elevada do que implantar *Privacy by Design*. Isso não quer dizer que *Privacy by Design* tem baixa importância. A questão é que a ameaça de não atendermos a uma solicitação de um titular é mais premente do que a questão de embutirmos privacidade em nossos processos.

A próxima área de análise é a de Processos. A maturidade aqui diz respeito ao cumprimento de princípios como os de segurança, necessidade, finalidade e qualidade de dados. A importância do tratamento deve levar em conta a quantidade de informações coletadas de cada titular, o número de titulares afetados e a existência ou não de dados sensíveis.

Você, leitor, pode ter notado que falamos de segurança na análise de maturidade do processo e se perguntado se isso não está coberto pela área de análise de segurança. A resposta é que a área de análise de segurança se preocupa com coisas que afetam a organização como um todo. Ela gera *gaps* gerais. Aqui estamos preocupados com problemas de segurança específicos do processo. São coisas como senhas compartilhadas e arquivos não criptografados contendo dados pessoais sendo comunicados via Internet. Essas coisas podem ser resolvidas mesmo que a organização ainda não tenha uma política adequada para lidar com segurança da informação.

Finalmente, temos os Contratos. Aqui existem poucas sutilezas na análise. Contratos de serviços que envolvem dados pessoais e que não tratam do assunto são imaturos por definição. Nuances podem ocorrer quando o contrato trata do assunto, mas de forma inadequada. A importância do contrato leva em conta os mesmos critérios dos processos. De fato, a importância dos contratos acompanha de perto a dos processos afetados por aquele contrato.

Uma vez definidas a maturidade e a importância, podemos estabelecer a exposição aos riscos via uma matriz de exposição por maturidade vs. importância, como a da Figura 3.6. Identificados os *gaps* e definidas as exposições, devemos criar ações que sejam adequadas para o nível de exposição. Lembre-se de que, apesar de ser regra geral que riscos mais altos tendem a merecer respostas mais fortes, este não deve ser o único critério. Somente uma análise de custo/benefício pode definir a resposta mais adequada. Como dissemos, uma resposta forte a um risco alto pode custar muito caro e uma resposta um pouco mais fraca, mas mais barata, pode ser adequada. Por outro lado, um risco mais baixo pode ter uma resposta muito barata e de implementação imediata. A organização não deve ignorar a importância dessas vitórias rápidas (*quick wins*) na diminuição do seu nível geral de riscos. Embora a ordem das ações seja definida nos Pré-*Games* das *Sprints* de implantação, é útil definir níveis de prioridade de ações já no *Backlog*.

3.3.6 Conteúdo do *Backlog*

Analisaremos o conteúdo do *Backlog* em mais detalhes quando falarmos sobre a base de informações de operações de tratamento (BIOT) na seção 3.5. No BIOT, fazemos uma análise detalhada da operação de tratamento e, a partir daí, levantamos *gaps* como os do Quadro 3.5 e formulamos ações como as do Quadro 3.6. Esses *gaps* são tipo 'específico', pois só dizem respeito ao processo em análise. No Reconhecimento, porém, não analisamos apenas processos. Dessa forma, temos *gaps* do tipo 'geral', que dizem respeito à organização como um todo. Um exemplo é a falta de atualização constante do antivírus, que é um *gap* geral de segurança. Os *gaps* de processos que levantamos no Reconhecimento apontam, em geral, justamente para a falta de uma análise detalhada dos *gaps* específicos no BIOT. A ausência dessa análise de *gap* já é um *gap*.

Quase tudo que iremos descrever para os *gaps* e ações específicos no BIOT também valem para os *gaps* gerais, e eles devem ser armazenados no mesmo local, seja uma planilha ou um sistema de controle. No caso dos *gaps*, falaremos de tipo, análise crítica, análise de maturidade, valor de maturidade, análise de importância, valor de importância e valor de exposição. No caso das ações, falaremos de descrição da ação, prioridade, justificativa da prioridade, status, causa de bloqueio, *Sprint*, data de fim e responsabilidade. Este último tópico, porém, é melhor entrarmos em detalhe aqui.

O *Backlog* evolui com o tempo. Quando estamos fazendo apenas o Reconhecimento precisamos de um certo nível de detalhe. Quando estamos próximos de executar ações, a necessidade de detalhamento aumenta. Assim, durante a fase de Reconhecimento, precisamos definir, no máximo, o responsável pela ação. A definição desse responsável deve ser, preferencialmente, pelo cargo e não pelo nome. Assim, se a pessoa sair da empresa, o novo titular do cargo assume a responsabilidade. Lembre-se de que só pode haver um responsável por cada ação.

No entanto, na medida em que o *Backlog* evolui, pode ser necessário definir melhor as responsabilidades pela ação. Nesse caso, algum tipo de matriz de responsabilidade pode ser uma boa opção. A organização deve definir papéis que as pessoas podem exercer nas ações. Uma estrutura de papéis muito usada no mercado é a RACI, que define:

- **Responsável** – A pessoa efetivamente a cargo de executar a ação.
- **Aprovador** – Define se a ação foi realizada de forma adequada e se atingiu os objetivos definidos. Costuma também ser único.

- **Consultado** – Podem ser várias pessoas cujas opiniões são solicitadas. São geralmente especialistas no assunto. A comunicação com eles é bidirecional.
- **Informado** – Novamente, podem ser várias pessoas. São os que são mantidos atualizados sobre o progresso da ação ou, pelo menos, são avisados da sua conclusão. A comunicação com eles é unilateral.

Embora de amplo uso, não creio que a organização tenha vantagens em se ater a esse padrão. Ela está livre para criar papéis que se adaptem às suas necessidades e à sua cultura. Um modelo alternativo é dado a seguir:

- **Responsável** – É a pessoa efetivamente a cargo de executar a ação. Deve ser único.
- **Aprovador** – Define se a ação foi realizada de forma adequada e se atingiu os objetivos definidos. Costuma também ser único.
- **Facilitador** – Acompanha a realização da ação. Ele precisa ser informado sobre o progresso e se há problemas que precisem ser resolvidos e que possam impedir o sucesso da ação.
- **Participante** – Podem ser várias pessoas que, embora não sendo responsáveis, são de importância para que a ação seja executada. Este papel é particularmente útil em ações que atravessam limites departamentais.

Além desses papéis, a organização pode criar qualquer outro que atenda às suas necessidades, desde que as responsabilidades desses papéis fiquem bem definidas. Assim, por exemplo, ela pode criar os papéis A1 e A2 para representar aprovadores de primeiro e segundo níveis.

3.4. Sistema de privacidade

O que se espera é que as organizações criem um sistema de privacidade em resposta à LGPD. Esse sistema deve ter uma complexidade compatível com o porte e a capacidade de investimento da organização.

Alguns processos são de implementação inevitável. A privacidade deve se integrar à gestão de mudanças da organização, e esta deve manter uma base de tratamento de dados pessoais, que forma a base do relatório de impacto. Além disso, processos para atendimento dos direitos dos titulares e de gestão de incidentes de privacidade são vitais. O ritmo de implantação e a complexidade desses processos, porém, podem variar consideravelmente.

A Figura 3.9 resume os principais componentes do sistema de privacidade. Na base estão as práticas de governança e de segurança da informação. A privacidade deve se integrar a outros processos de governança da organização de forma suave. Segurança é um pré-requisito de privacidade e muitas organizações já possuem práticas e estruturas específicas. A privacidade deve se apoiar e influenciar essas práticas.

No nível acima temos os artefatos específicos da Governança de Privacidade. São estabelecidas a visão e as diretrizes que devem ser seguidas para atingir os objetivos de privacidade, as regras a serem cumpridas para se atingir a visão e como devem ser executadas as atividades necessárias, incluindo procedimentos, ferramentas e responsabilidades.

No nível acima estão os quatro grandes processos que materializam, no dia a dia, a Governança de Privacidade. Eles são: Gestão de Mudanças usando *Privacy by Design*, Gestão dos Tratamentos de Dados Pessoais, Gestão de Atendimento aos Direitos do Titular e Gestão de Incidentes de Privacidade.

Finalmente, o topo da pirâmide documenta que a empresa deve continuamente avaliar seu sistema de privacidade, buscando sua melhoria e adaptação constante a novas demandas da ANPD e da sociedade.

Alguns desses componentes já estão embutidos na própria metodologia de Privacidade Ágil. Outros são criados ou atualizados a partir dos ciclos de melhoria. A seguir veremos os principais artefatos que materializam o Sistema de Privacidade.

Figura 3.9 – Pirâmide do Sistema de Privacidade

3.4.1 A base da pirâmide

A implantação da Governança de Privacidade deve se apoiar na Governança de Segurança da Informação e nas práticas de governança já existentes na empresa. A organização já pode possuir práticas para a gestão de processos, gestão de conformidade, gestão de riscos, entre outras. Também pode possuir documentos que definem como ela lida com o conflito de agência entre sócios e gestores pagos e entre sócios majoritários e minoritários. Muitas organizações afirmam, em um primeiro momento, que não possuem qualquer prática formal de governança. No entanto, uma análise mais cuidadosa revela que ela possui pelo menos um código de conduta. Mesmo neste caso, o Programa de Privacidade deve garantir integração e compatibilidade.

Um problema mais complexo é o referente à segurança da informação. Já dissemos que sem segurança da informação não há privacidade. De nada vale uma organização tratar os dados de seus titulares rigorosamente de acordo com as bases legais se um *hacker* obtiver acesso integral às bases de dados. Na etapa de reconhecimento é levantado se as práticas recomendadas de segurança da informação estão implantadas na organização. No entanto, várias empresas adotam políticas específicas, com responsáveis especializados em segurança. Algumas chegam a apontar um *Chief Information Security Officer* (CISO), que é um executivo de nível sênior responsável pelo Programa de Segurança, que garante que os ativos e tecnologias de informação sejam protegidos de forma adequada. Neste caso o CISO e sua equipe devem trabalhar em colaboração próxima com o DPO e seus colaboradores.

3.4.2 Artefatos para governança de privacidade

Agilidade é o oposto de burocracia. No entanto, a organização tem que lidar com o fato de que tem que produzir documentação para apresentar em auditorias e como provas em processos na justiça. Alguma formalização do Sistema de Privacidade é inevitável. O que deve ser buscado é uma documentação que atenda à burocracia estatal e proteja a organização, com o menor impacto possível ao negócio.

A lista a seguir normalmente usa o nome de políticas, mas a organização pode chamá-las de diretrizes, normativos ou qualquer outro nome que seja adequado à sua cultura. Em conjunto, eles documentam a Governança de Privacidade da organização. A lista inteira pode caber em um único documento em que cada entrada é um capítulo. É também possível que cada item seja colocado em um documento separado, ou qualquer opção de agregação entre esses extremos. Seja como for, a organização deve avaliar se documentou como lida com cada uma dessas questões:

- **Visão geral de como a organização lida com dados pessoais** – Define responsabilidades e possivelmente sanções no caso de descumprimento da responsabilidade. É recomendável definir responsável para decisão em casos omissos. Também define os termos usados no resto das documentações. Deve listar todos os artefatos relevantes, servindo como uma espécie de índice para a localização dos outros itens nessa lista.
- **Compromisso da organização com a privacidade** – O art. 50 da LGPD define que um programa de governança em privacidade deve demonstrar o comprometimento do controlador em adotar processos e políticas internas que assegurem o cumprimento, de forma abrangente, de normas e boas práticas relativas à proteção de dados pessoais. É adequada uma declaração explícita desse compromisso.
- **Política para o Encarregado de Dados** – O art. 41 define que o controlador deverá indicar o encarregado de dados pessoais. A política define: finalidade, responsabilidades e funções, autoridade e posição no organograma. Define se o DPO é terceirizado e a forma de nomeação (aponta para os documentos de nomeação). Aponta para processos de Atendimento ao Titular, Gestão de Incidentes de Privacidade e Avaliação da Gestão de Privacidade (para detalhes de atuação).
- **Política de tratamento de dados pessoais** – Necessária, entre outros, ao art. 32, onde a autoridade nacional poderá solicitar relatórios de impacto à proteção de dados pessoais. Provê orientações gerais para operações de tratamento e para verificação da aplicação dos procedimentos documentados (responsabilidade do gestor dos processos). Aponta diretamente para a BIOT (Base de Informações das Operações de Tratamento) e explica como é criada e mantida.
- **Política para exercício de direitos do titular** – Necessária ao cumprimento dos artigos do capítulo 3 da LGPD, sobre direitos do titular. Provê orientações gerais para garantir o exercício de direitos do titular e define os processos de atendimento ao titular, apontando ferramentas e fluxos de trabalho.
- **Política de gestão de incidentes de privacidade** – Necessária ao cumprimento do art. 48, sobre incidentes. Provê orientações gerais sobre incidentes de privacidade e define os fluxos de trabalho e ferramentas para os processos de gestão de incidentes de privacidade.
- **Política para dados sensíveis** – Define como serão tratados dados sensíveis. Também define se outros dados, além dos citados explicitamente pela LGPD, terão tratamento como sensíveis.
- **Política de consentimento** – Necessária, entre outros, ao art. 8º, sobre consentimento. Provê orientações gerais para obtenção e revogação de con-

sentimento do titular e orientações especiais para obtenção e revogação de consentimento do responsável pelo titular menor. Aponta para a BIOT (Base de Informações das Operações de Tratamento) e para as bases onde o consentimento é registrado.

- **Política de legítimo interesse** – Provê orientações para avaliar em que situações o legítimo interesse pode ser usado.
- **Política de retenção de dados** – O art. 16 define que os dados pessoais serão eliminados após o término de seu tratamento. Esta política define os princípios gerais de retenção de dados e prazos padrão por tipos de dados. Aponta para a BIOT, onde serão registradas retenções para dados específicos.
- **Política de dados pessoais na Internet** – Define o uso de *cookies* para cada tipo (necessários, desempenho, funcionais, marketing, analíticos, redes sociais etc.) e outras políticas relevantes.
- **Política de *Privacy by Design*** – O artigo 46, §2º, define que a proteção deve ser observada desde a fase de concepção do produto ou do serviço até a sua execução. Esta política provê orientações gerais sobre *Privacy by Design*. Define processos de contratação que incluam garantia de privacidade e aponta para os processos e metodologias que criam mudanças na organização.
- **Política de avaliação da gestão de privacidade** – O artigo 50, §2º, I, h, define que o sistema de privacidade seja atualizado com base em monitoramento contínuo e avaliações periódicas. Esta política define responsabilidades para avaliação do Sistema de Privacidade e a periodicidade máxima das avaliações (ver seção 3.7). Também pode documentar o conteúdo e formato dos RIPD (relatório de impacto à proteção de dados pessoais).
- **Política de treinamento e conscientização** – Orienta acerca de treinamento sobre aspectos técnicos e de gestão e conscientização sobre a importância da privacidade.
- **Avisos de privacidade aos titulares, aos colaboradores e a clientes e parceiros** – Documentos explicativos de como a organização trata dados pessoais para diferentes públicos-alvo.

3.4.3 Artefatos para gestão de mudanças

Privacidade, cada vez mais, passa a ser uma fundamental parte de qualquer processo de gerenciamento de mudanças, para todas as mudanças de sistemas e de negócio. O modelo proposto por Ann Cavoukian nos anos 90, conhecido como *Privacy by Design* [11], se tornou o padrão de fato para a preocupação com privacidade em gestão de mudanças. Em sua forma original, a abordagem é um tanto vaga e se baseia em sete princípios fundacionais:

- **Proativo, não reativo** – Devemos antecipar e evitar eventos invasivos de privacidade antes que aconteçam. Em vez de criar soluções para resolver infrações de privacidade uma vez que ocorram, precisamos evitar que elas ocorram. A privacidade deve ser considerada antes do início de qualquer projeto. A empresa não pode correr o risco de chegar no final de um projeto e perceber que um aplicativo ou produto viola a privacidade dos titulares.
- **Privacidade como configuração padrão (*Privacy by Default*)** – Cavoukian resume este conceito com a frase: "se um indivíduo não fizer nada, sua privacidade ainda permanecerá intacta". Se existirem duas formas de uma ação acontecer, a forma que é mais respeitosa à privacidade deve ser a padrão. Um titular pode, por exemplo, aceitar explicitamente todos os *cookies* de um site, mas se ele não se manifestar o site não deve usar *cookies*.
- **Privacidade incorporada ao design** – Privacidade deve estar embutida no desenho dos aplicativos de TI, dos produtos da organização e dos processos de negócios. Privacidade deve se tornar um componente essencial do núcleo de funcionalidade das entregas dos projetos de mudança.
- **Soma positiva, não soma zero** – A incorporação de privacidade ao design não deve comprometer as funcionalidades e capacidades do que os projetos entregam. A mentalidade não deve ser de soma zero, onde a privacidade é obtida via perdas para o negócio. Ao contrário, deve-se pensar na privacidade como uma negociação ganha-ganha entre a organização e os titulares. Os interesses e objetivos legítimos devem ser acomodados.
- **Segurança ponta a ponta** – Sem segurança não há privacidade. A segurança deve ter sido incorporada aos produtos e aplicativos antes que o primeiro elemento de informação seja inserido. A proteção deve ser incorporada ao ciclo de vida da informação.
- **Visibilidade e transparência** – Não adianta apenas ter boas intenções e declarar políticas. O provérbio russo "confie, mas confira" vale aqui. Devem ser criados meios para verificar se, de fato, os sistemas, produtos e processos incorporaram os requisitos e seguem as especificações declaradas de privacidade.
- **Respeito pela privacidade do titular** – Todos os envolvidos nas mudanças e criações de produtos, processos e sistemas devem colocar os interesses do indivíduo em primeiro lugar. Isso inclui o uso de opções amigáveis e fáceis nas configurações de privacidade e comunicação simples, clara, acessível e adequada.

Com o tempo, algumas práticas que tornaram esses princípios mais concretos foram criadas. Nessa direção, temos as oito estratégias de design de privacidade [12] que devem ser incorporadas nas metodologias para criação de sistemas de TI. As oito estratégias são resumidas na Figura 3.10. De forma simplificada, quatro dessas estratégias focam mais nos aspectos técnicos e as outras quatro nos aspectos gerenciais. As quatro estratégias dentro do retângulo são as mais técnicas e materializam o princípio do desacoplamento (*unlinkability*).

O princípio do desacoplamento orienta que os sistemas e processos sejam desenhados de forma que dados pessoais dentro de um domínio não possam ser vinculados aos dados pessoais em um domínio diferente, ou que, pelo menos, essa vinculação envolva um esforço desproporcional. A ideia é minimizar o risco de uso não autorizado de dados pessoais e facilitar a criação de perfis que acessem apenas os dados de que necessitam.

As quatro estratégias para desacoplamento são:

- **Minimizar** – A quantidade de dados pessoais que são processados deve ser restrita ao mínimo necessário. Isso envolve se abster de coletar dados de certos titulares quando não há necessidade de negócio e, também, coletar a menor quantidade de dados possível dos titulares em que há necessidade de negócio.
- **Separar** – Os dados pessoais devem ser armazenados e processados de forma distribuída, sempre que possível em bases de dados e ambientes de processamento separados.
- **Agregar** – Os dados pessoais devem ser armazenados e processados no mais alto nível de agregação, com o menor nível de detalhes possível, no qual esses dados ainda atendam às necessidades de negócio.
- **Esconder** – Os dados pessoais e seus relacionamentos devem ser ocultados do acesso não autorizado. Em alguns casos, isso pode envolver criptografia dos dados.

Se um hospital quer saber se um paciente aceita ou rejeita transfusões de sangue por motivos religiosos, ele deve se abster de perguntar a religião do paciente e inferir isso, mas simplesmente perguntar diretamente se um paciente aceita ou não transfusão. Isso é um exemplo de minimização. Quando um banco usa o processamento de impressão digital no celular para validar o cliente e não armazena a digital em seus bancos de dados, ele está usando o princípio da separação. Quando uma operadora de energia elétrica coloca os medidores conectados à Internet, mas se abstém de coletar o consumo diário e coleta somente o consumo mensal, ela está aplicando agregação. E quando a comunicação de dados pessoais na Internet é feita dentro de um protocolo criptografado, a organização está operando escondendo os dados.

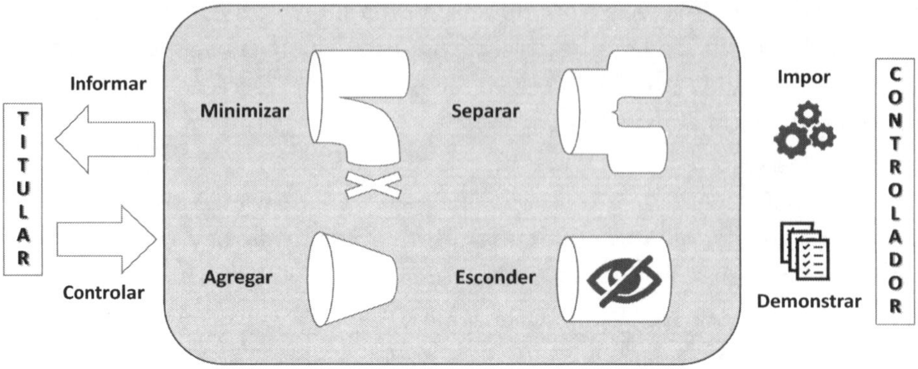

Figura 3.10 – Oito estratégias de *design* de privacidade

As quatro estratégias restantes materializam os princípios de transparência e possibilidade de intervenção. Duas dessas estratégias focam no titular dos dados e duas no controlador.

- **Informar** – Os titulares dos dados devem ser devidamente informados sobre o processamento de seus dados. Isso quer dizer, por exemplo, que a organização deve criar condições para que os dados sejam encontrados e os processamentos identificados.
- **Controlar** – A organização deve habilitar os titulares a ter agência sobre seus dados. Isso significa, por exemplo, que deve ser possível apagar ou anonimizar dados de um titular, a seu pedido, sem que a base de dados da organização fique inconsistente.
- **Impor** – A política de privacidade da organização deve ser compatível com os requisitos legais em vigor e deve haver garantias de que a política seja aplicada. Devem existir meios para verificar essa aplicação. Esses meios frequentemente envolvem auditorias e testes internos.
- **Demonstrar** – A organização deve ser capaz de demonstrar conformidade com a política de privacidade e quaisquer requisitos legais aplicáveis. *Logs* e outros mecanismos de rastreamento podem ser úteis.

O uso desses princípios e estratégias deve ser incorporado à documentação de metodologias e processos que envolvam gestão de mudanças e configuração de sistemas de TI, produtos e processos.

3.4.4 Artefatos para tratamento de dados pessoais

A criação da Base de Informações de Operações de Tratamento (BIOT), conhecida em inglês como *Record of Processing Activities* (ROPA), é uma das mais importantes ações da implementação de um Programa de Privacidade. Enquanto a base não for implementada, a empresa lida com os seguintes problemas:

- Ainda não estará em conformidade com o Art. 37, que define que a organização deve manter registro das operações de tratamento de dados pessoais que realizar.
- Terá dificuldades de responder a solicitações dos titulares em relação a informações sobre tratamento dos seus dados, conforme o art. 18 da LGPD.
- Terá dificuldade de elaborar o Relatório de Impacto à Proteção de Dados Pessoais, conforme o art. 38 da LGPD.
- Terá dificuldade de demonstrar conformidade com o art. 50 da LGPD, que trata das boas práticas e da governança.

Trataremos em detalhes essa base na seção 3.5. De qualquer forma, não basta ter a base. A organização deve ter um documento que explique sua estrutura e como ela é usada.

3.4.5 Artefatos para atendimento ao titular

Há diversas solicitações que os titulares podem fazer e que a empresa deve estar preparada para atender:

- **Pedido de informações** – O titular pode solicitar a confirmação da existência de tratamentos e diversas informações sobre esses tratamentos. As informações se dividem em metadados e dados e ambos devem compor a resposta. Não basta confirmar que você tem informações sobre ele e qual a base legal. Você tem que dizer, por exemplo, que possui seu nome e e-mail, qual é o nome e e-mail que você tem registrado, que a base legal é, por exemplo, a execução de um contrato e qual é esse contrato. Tudo isso de forma clara e adequada.
- **Correções de dados** – O titular pode solicitar correção de dados incompletos, inexatos ou desatualizados.
- **Restringir tratamento** – O titular pode solicitar a anonimização, o bloqueio ou a eliminação de dados desnecessários ou excessivos. Lembre-se de que o dado deve ser compatível com a necessidade de negócio declarada. Essa eliminação parcial dos dados não pode gerar qualquer restrição desnecessária aos serviços prestados a ele.

- **Eliminação dos dados** – O titular pode revogar o consentimento que ofereceu previamente ou, de qualquer forma, solicitar que a empresa elimine todos os dados pessoais que ela possua sobre ele, por exemplo, usando legítimo interesse, exceto quando a posse desses dados é protegida por lei.
- **Portabilidade dos dados a outro fornecedor de serviço ou produto** – O titular pode solicitar que seus dados sejam enviados a um novo fornecedor, de acordo com a regulamentação da autoridade nacional, observados os segredos comercial e industrial.
- **Rever decisão automatizada** – O titular pode solicitar a revisão de decisões tomadas em tratamento automatizado de dados pessoais que afetem seus interesses. O controlador deverá fornecer, sempre que solicitadas, informações claras e adequadas a respeito dos critérios e dos procedimentos utilizados para a decisão automatizada. Mesmo nos casos de o processo automatizado ser coberto por segredo industrial, a ANPD tem o poder de realizar auditoria para verificação de aspectos discriminatórios em tratamento automatizado.

É adequado que expliquemos o que significa dizer que as informações dadas aos usuários se dividem em metadados e dados. Os metadados são informações sobre os dados. Devemos informar, por exemplo, a lista de tratamentos, os dados usados em cada tratamento, a necessidade de negócio de cada dado e a base legal, bem como a informação das entidades públicas e privadas com as quais o controlador realizou uso compartilhado de dados. Os dados são as informações em si do titular. Um exemplo pode ilustrar essa questão. Podemos dizer ao titular que temos o seu nome, e-mail comercial e telefone comercial usados em nosso processo de Marketing, sendo a base legal um consentimento dado. Também informamos que no nosso processo de Atendimento temos o seu nome completo, e-mail (chave de usuário), CPF e dados bancários e a base legal é atendimento ao contrato que temos com ele. Estes são metadados. Além disso, temos que informar que, na base de Marketing o nome é 'Joaquim Xavier' e na base de Atendimento é 'Joaquim José da Silva Xavier'. Estes são os dados específicos. Sabendo os metadados, ele pode, por exemplo, questionar se a organização tem necessidade daqueles dados. Sabendo os dados, ele pode, por exemplo, solicitar a correção de seu telefone que está desatualizado.

A organização deve estabelecer políticas e processos e implantar ferramentas que a habilitem a atender a essas solicitações. No geral, os grandes requisitos do processo de atendimento são:

- **Recepção de solicitação** – A organização deve criar canais para que os titulares façam suas solicitações. O canal mais comum é um formulário em seu site.

Mas solicitações podem vir via ouvidoria e até por correspondência ou pelo telefone de atendimento.

- **Identificação do titular** – É necessário garantir que quem está fazendo a solicitação é o próprio titular ou seu responsável, no caso de crianças e adolescentes. Se possível, a organização deve prover mais de uma maneira de um titular se identificar.
- **Execução da solicitação** – Vários *workflows* podem ser executados, de forma mais ou menos automatizada, para buscar dados e metadados e alterar, anonimizar ou excluir informações.
- **Resposta ao titular** – Frequentemente, os diversos *workflows* devem ser consolidados em uma resposta adequadamente integrada e formatada para o titular. Essa resposta usualmente tem a forma de um arquivo PDF, mas o titular pode solicitar até uma correspondência física.
- **Monitoração e registro** – Todo esse processo deve ser acompanhado de forma que a requisição do titular seja atendida de forma correta e dentro do prazo. Além disso, ele deve ser registrado para uma possível auditoria ou como prova em um processo legal.

Algumas formas que a organização pode usar para identificar o titular são:

- **Verificação por e-mail ou telefone** – Um *link* ou código de acesso pode ser enviado para o e-mail cadastrado ou via SMS para o celular.
- ***Login* de usuário** – No caso de o titular ser um usuário de um sistema da empresa, ele pode ser validado pelo ato de fazer o *login* no sistema.
- **Confirmar informações conhecidas** – Pode-se solicitar ao usuário que, por exemplo, forneça os cinco últimos dígitos de seu CPF e outras informações desse tipo, de forma a validar sua identidade.
- ***Upload* de documentos** – O titular pode fazer o *upload* de seu documento de identificação, sua foto tomada em determinada circunstância solicitada ou outro documento comprovatório.

O atendimento ao titular é um processo complexo. A organização deve documentar uma política específica, mas também deve implementar os *workflows* descritos. A escolha de uma ferramenta adequada é uma ação que pode gastar tempo e recursos consideráveis. Na ausência de ferramentas, os processos de atendimento devem ser muito bem documentados. De qualquer forma, as rotinas ou APIs de consultas e alterações nas diversas bases de dados devem ser criadas antes das solicitações. Se a organização começar do zero, no momento em que o primeiro titular fizer um pedido, ela dificilmente o atenderá no prazo legal de 15 dias.

3.4.6 Artefatos para gestão de incidentes de privacidade

Um incidente de privacidade é qualquer ocorrência, seja acidental ou ilegal, que leve à destruição, perda de controle ou acesso, alteração, divulgação ou acesso não autorizado a dados pessoais transmitidos, armazenados ou processados pela organização. A organização deve tomar uma série de medidas para prevenir esses incidentes, mas ela deve estar preparada para que essas medidas não sejam suficientes.

Em um incidente famoso, um ataque de *hackers* ao Superior Tribunal de Justiça (STJ) foi identificado no dia 03 de novembro de 2020, que criptografou praticamente todo o acervo de processos da Corte, impedindo seu acesso. Por mais que uma organização como o STJ confie na qualidade de sua segurança, ela deve estar preparada para esse tipo de ocorrência.

Os artefatos para gestão de incidentes de privacidade definem como a organização lida com um incidente de privacidade. Na verdade, há muitas metodologias para lidar com incidentes de segurança. A maioria evidencia a importância da modelagem de ameaças. Modelagem de ameaças são atividades para identificar alvos e vulnerabilidades e, em seguida, definir contramedidas para prevenir ou mitigar os efeitos das ameaças. Um dos métodos mais usados para a modelagem de ameaças é o modelo STRIDE, criado pela Microsoft. STRIDE é um mnemônico para ameaças à segurança. Cada ativo de TI deve ser analisado sob o risco de:

- ***Spoofing*** **(Imitação)** – Quando alguém rouba a identidade de um usuário, se passando por ele. Um exemplo é um e-mail em que o emissor é alterado para parecer, por exemplo, alguém da Microsoft.
- ***Tampering*** **(Adulteração)** – Quando alguém altera algum dado de forma maliciosa ou meramente não autorizada. Um exemplo é modificar um arquivo executável legítimo no seu computador para mudar seu comportamento.
- ***Repudiation*** **(Repúdio)** – Quando alguém é capaz de negar que executou uma atividade quando, de fato, ela foi a responsável. Por exemplo, se uma pessoa nega que enviou um determinado e-mail.
- ***Information disclosure*** **(Divulgação de informações)** – Quando alguém tem acesso de forma não autorizada ou divulga informação para pessoas não autorizadas. Por exemplo, quando alguém publica uma lista de clientes de uma empresa em um site público.
- ***Denial of service*** **(Negação de serviço)** – Quando um serviço, de forma maliciosa, é tornado indisponível ou prejudicado para os usuários legítimos. O que aconteceu com o Superior Tribunal de Justiça é um exemplo perfeito.

- ***Elevation of privilege* (Elevação de privilégio)** – Quando alguém tem um acesso acima do que seria corretamente autorizado. Permitir, inadvertidamente, que um usuário remoto da Internet execute comandos no seu computador é o exemplo clássico.

Além do documento da metodologia de análise de modelagem de ameaças e ações de contramedidas proativas, um dos artefatos que podemos criar é um documento que defina o processo de resposta reativa a incidentes. De forma bem simples, este processo pode cobrir:

- **Conceituação** – Descrição clara sobre o que é um incidente de privacidade. Incidentes podem ser desde a perda de um *notebook*, a descoberta de que certos colaboradores têm acesso a dados que não deveriam, o roubo de informações por um ex-colaborador e até um ataque de *hackers*.
- **Papéis e responsabilidades** – Para cada tipo de ação, as responsabilidades devem estar claramente especificadas. Isso pode incluir a formação de uma equipe de resposta a incidentes, que é um grupo de pessoas treinadas para responder a emergências.
- **Descoberta** – Se a organização não tem ciência do incidente, ela não tem como reagir a ele. Ao mesmo tempo, ela deve confirmar se ele realmente ocorreu. Um possível incidente pode ser descoberto a partir de softwares de monitoramento ou via avisos de colaboradores ou terceiros. Os seguintes aspectos são importantes:
  - Atividades anômalas devem ser detectadas em tempo hábil.
  - Os ativos devem ser monitorados periodicamente para verificar a eficácia das medidas de proteção.
  - Processos e procedimentos de detecção devem ser atualizados e testados.
- **Categorização e priorização** – Incidentes não têm sempre a mesma importância. Não faz sentido que a resposta a eles seja sempre a mesma. O caminho a seguir pode variar conforme o nível de gravidade do incidente (ex.: menor, significativo ou maior).
- **Diagnóstico e reação** – Define como conduzir uma investigação mais completa e avaliar a situação para determinar os próximos passos. Pode-se identificar a causa-raiz do incidente, se ele foi interrompido ou está em andamento, e quais recursos e pessoas devem ser envolvidos. A prioridade imediata é conter o incidente e minimizar os danos.
- **Correção** – Opções de reação aos incidentes e como definir se ações são necessárias à prevenção de incidentes similares.

- **Notificação e comunicação** – Define como, conforme a gravidade do incidente, notificar a liderança apropriada e outras partes interessadas desde as descobertas iniciais. Em alguns casos, como o do STJ, isso pode incluir avisar a grande imprensa.
- **Registro** – Uma vez descoberto, o incidente sempre deve ser registrado para acompanhamento e futura referência.
- **Treinamento e conscientização** – Ações periódicas para manter a segurança dos dados pessoais na mente dos colaboradores.

Para uma visão mais abrangente, recomendamos o *framework* de segurança cibernética do NIST (*National Institute of Standards and Technology*), que é um guia sobre como as organizações podem gerenciar e reduzir o risco de segurança cibernética.

Além dos procedimentos, o formato do registro de incidentes deve ser definido, tendo em mente que ele é fundamental tanto para a emissão de Relatórios de Impacto a Proteção de Dados quanto para melhorias do Sistema de Privacidade.

3.5. BIOT – Base de Informações de Operações de Tratamento

A LGPD não entra em detalhes de qual seria o formato da Base de Informações de Operações de Tratamento (BIOT), também conhecida como *Record of Processing Activities* (ROPA). O artigo 37 simplesmente diz que o controlador e o operador devem manter registro das operações de tratamento de dados pessoais que realizarem. Talvez, no futuro, a ANPD regulamente essa questão. No entanto, podemos definir suas características com base nas funções que ela tem que executar. As diversas abordagens têm variações, mas existem alguns pontos em comum a todas elas. A que mostraremos aqui parece fazer sentido. No entanto, ela pode ser substituída sem grandes problemas. Assim, a organização pode optar por um software pronto, como o PIA (*Privacy Impact Assessment*), da Autoridade Francesa de Proteção de Dados (CNIL), que, apesar de ter muitos problemas e limitações, tem a grande vantagem de ser gratuito, ou definir sua própria ferramenta. A BIOT pode, na verdade, ser feita até com planilhas, embora um banco de dados como o MS Access ofereça a vantagem da criação de relatórios, fazendo com que a emissão de um Relatório de Impacto à Proteção de Dados Pessoais seja tão fácil quanto apertar um botão (uma vez, é claro, que o relatório seja programado).

Há três principais conteúdos na BIOT:

- Em primeiro lugar, há as informações sobre os tratamentos de dados pessoais que existem dentro dos processos da organização.

- Em segundo lugar, temos a análise de *gaps* nesses tratamentos. Como dissemos, os *gaps* de tratamentos são chamados de *gaps* específicos, pois só afetam um processo. Mas na BIOT também documentamos *gaps* genéricos, ou organizacionais, que afetam múltiplos processos.
- Finalmente, temos as ações que desejamos tomar para cobrir esses *gaps*.

Quais são as informações a serem registradas em cada uma dessas partes? O detalhe e o formato da BIOT devem ser decididos pela organização como parte de sua política de privacidade. No entanto, os itens a seguir são um bom ponto de partida.

Tratamentos:

- **Nome do processo** – O nome curto do processo dentro da organização.
- **Descrição do processo** – Descrição detalhada do processo. Pode incluir um diagrama mais ou menos detalhado.
- **Perfil do titular** – Quem é o titular que é dono do dado? Trata-se de um cliente, de um funcionário, de pessoas que são alvo de ações de marketing? É possível que menores de idade estejam entre os titulares?
- **Dados (sensíveis/não)** – Quais são os dados tratados no processo? Há dados sensíveis? Quais?
- **Volume** – Quantos titulares são afetados por esse tratamento? Qual o tamanho da base de dados pessoais?
- **Ativos** – Quais são os sistemas, planilhas, arquivos físicos etc. onde os dados são armazenados e utilizados?
- **Responsável** – Quem é o responsável pelo tratamento nesse processo? Sugere-se definir o cargo em vez do nome do responsável. Assim, se a pessoa mudar, o novo colaborador assume a responsabilidade.
- **Coleta e armazenamento** – Como o dado pessoal é coletado? Ele é coletado diretamente do titular? Ele se origina neste processo ou é utilizado de outro processo da organização? Onde e como é armazenado o dado pessoal?
- **Transferências** – O dado é transferido ou compartilhado com terceiros? Qual a razão da transferência? Alguma delas é internacional?
- **Utilização** – A quais necessidades de negócio o dado pessoal atende?
- **Necessidade** – Todos os dados são realmente essenciais para atingir a necessidade de negócio?
- **Automação de Decisões** – Alguma decisão que afete os interesses do titular é tomada de forma automatizada?
- **Retenção** – Qual é o prazo de retenção para os dados? Há um procedimento para limpeza desses dados após o prazo? Qual é ele?

- **Base legal** – Qual a base legal que fundamenta o tratamento do dado pessoal?
- **Analítico da base legal** – Explique e justifique o uso da base legal.

O Quadro 3.4 dá um exemplo de como poderia ser o registro de um tratamento na BIOT.

Quadro 3.4 – BIOT – Exemplo de tratamento

Item	Status
Nome do processo	Gestão de Marketing.
Descrição do processo	O processo coleta dados de contatos de possíveis clientes via formulários no site. Esses dados e as respostas são armazenados no RDStation (software de marketing). Conforme as respostas que dão (sobre a organização), eles são qualificados e e-mails sobre temas de interesse são enviados periodicamente. Por vezes, selecionamos clientes no RDStation para convite para eventos. Neste caso, exportamos os dados para uma planilha de controle do evento.
Perfil do titular	Profissionais tomadores de decisão de tecnologia nas organizações. Não inclui menores de idade.
Dados (sensíveis/não)	Nome de guerra (pedimos que não coloque nome completo), e-mail comercial, telefone comercial, empresa e cargo. Não há dados sensíveis.
Volume	Cerca de 30.000 contatos registrados.
Ativos	RDStation e planilhas de eventos.
Responsável	Diretor de Marketing.
Coleta e armazenamento	Coleta em *landing page* em nosso site quando o cliente clica em nossas propagandas nas mídias sociais. Os dados são armazenados no RDStation e posteriormente extraídos dessa ferramenta para planilhas de eventos.
Transferências	Os dados são armazenados na base da RDStation.
Utilização	Campanhas via e-mail e convites para eventos.
Necessidade	Obtenção de novos clientes via ações de marketing e eventos.
Automação de decisões	Não há automação.
Retenção	Atualmente não há limpeza da base ou retenção definida.
Base legal	Consentimento.
Analítico da base legal	O titular seleciona um *checkbox* (desabilitado por *default*) em que ele explicitamente concorda de receber nossos e-mails e convites para eventos.

Feito o registro de transações, a próxima etapa da BIOT é a análise de *gaps* e definição de ações. Cada transação pode ter zero ou várias ações, dependendo da análise de *gaps*. Novamente, o detalhe e o formato da BIOT devem ser decididos pela organização como parte de sua política de privacidade. A estrutura a seguir é só um ponto de referência simples.

Uma decisão que a organização precisa tomar é em relação a como fará a análise de riscos. Mostraremos a análise de riscos por maturidade *versus* importância, mas a estrutura é facilmente adaptável para a análise mais clássica de probabilidade *versus* impacto. Mesmo na análise por *gaps* de maturidade, há outra decisão. A organização pode analisar *gaps* por tema relevante. Podem existir *gaps* ligados à segurança ou à conformidade com a LGPD, por exemplo. Neste caso, ela pode julgar maturidade e importância do tratamento em relação à segurança em separado da análise de maturidade e importância do tratamento em relação à conformidade com a LGPD ou outros temas relevantes. Isso gera uma análise de maior sensibilidade. Mas ela também pode optar por analisar a maturidade e a importância em relação a todos os requisitos de uma só vez. Dessa forma, cada tratamento terá apenas uma nota de maturidade e uma nota de importância. Isso pode parecer mais pobre, mas não se deve subestimar a importância da simplicidade. Por motivos didáticos, a estrutura exemplo a seguir adota a estratégia de nota única para a composição de todos os temas.

Gaps:

- **Tipo** – No caso do BIOT, o tipo é sempre 'específico'. *Gaps* gerais dizem respeito a toda a organização e não a um processo.
- **Análise crítica** – Descrição da situação atual no que se refere aos aspectos relevantes (segurança, conformidade com a LGPD etc.).
- **Análise de maturidade** – Descreve o nível de maturidade do tratamento em relação ao que seria a melhor prática possível nos aspectos relevantes.
- **Valor de maturidade** – Uma nota entre o que, normalmente, são cinco valores possíveis para a maturidade do tratamento, variando de muito baixa a muito alta.
- **Análise de Importância** – Descreve a importância dos desvios ocasionados pelo nível de maturidade corrente, levando em consideração tanto o ambiente externo atual quanto a importância dos objetivos afetados.
- **Valor de importância**– Uma nota entre o que normalmente são cinco valores possíveis para a importância dos desvios, variando de muito baixa a muito alta.
- **Valor de exposição** – A nota da exposição, levando em conta tanto a maturidade quanto a importância e usando uma matriz como a da Figura 3.6.

Convém lembrar que a base de *gaps* e ações já terá os *gaps* e ações gerais encontrados no Reconhecimento ou em Avaliações que identifiquem falhas estruturais no Sistema de Privacidade. Mas aqui estamos preocupados com *gaps* específicos em operações de tratamento. O Quadro 3.5 dá um exemplo de como poderia ser o registro de um *gap* na BIOT.

Quadro 3.5 – BIOT – Exemplo de *gap*

Item	Status
Tipo	Específico.
Análise crítica	Não há limpeza da base de dados do RDStation desde que começou, há sete anos, e não há uma política clara de como esta base deve ser mantida em relação ao prazo de retenção.
Análise de maturidade	O processo atende à maior parte dos requisitos em termos de atendimento dos direitos dos usuários. A exceção é a falta de controle de retenção.
Valor de maturidade	Alto.
Análise de importância	O atendimento aos direitos do titular é uma prioridade para a empresa. A base é relativamente grande e o uso de dados pessoais para marketing é um assunto que gera reações emocionais.
Valor de importância	Alto.
Valor de exposição	Risco médio.

Só precisam existir ações de resposta se os riscos forem considerados suficientemente altos. E no caso de processos que atingirem maturidade máxima, não há mais *gaps* identificados que exijam ações. Se a organização adotar a opção de uma avaliação geral de maturidade e importância, há uma possibilidade maior de haver várias ações por *gap*. Na outra opção será mais comum ter uma única ação por *gap*. No entanto, no geral, é sempre possível haver zero ou várias ações por *gap*.

Ações:

- **Descrição da ação** – Descrição da ação que vai mitigar ou suprimir o problema ou ainda criar um plano de contingência.
- **Prioridade** – Como falamos, o tamanho da exposição é um grande critério na priorização das ações, mas não é o único. A organização deve fazer uma análise de custo/benefício para definir a prioridade. É comum uma escala de quatro valores: *quick win*, curto prazo, médio prazo e longo prazo.
- **Justificativa da prioridade** – Explicação dos critérios que levaram ao nível de prioridade escolhido.
- **Status** – Pode ser 'Bloqueado' se a ação não pode ser colocada em *Sprint*, pois tem pré-requisitos ou qualquer outra dependência. 'Não Iniciada' se ela ainda não foi selecionada para *Sprint*. 'Em Andamento' se está no *Backlog* da *Sprint* corrente. 'Encerrada' quando já foi executada.
- **Causa de bloqueio** – No caso de bloqueio.
- ***Sprint*** – Número da *Sprint* em que a ação foi executada. Também pode ser usado para reservar que a ação entre em *Sprints* futuras.
- **Data de fim** – Data de término da *Sprint* em que a ação foi executada.

- **Responsabilidade** – Responsável pela ação e pela aprovação (se for o caso). Também pode definir outros papéis como: participantes e recebedores de informação.

O Quadro 3.6 dá um exemplo de como poderia ser o registro de uma ação na BIOT.

Quadro 3.6 – BIOT – Exemplo de ação

Item	Status
Descrição da ação	Implementar rotina que, após dois anos de registro, solicite a renovação do consentimento e a atualização dos dados. Caso o titular não responda em até um mês, ou negue o consentimento, seus dados serão apagados. Caso contrário, são renovados por mais dois anos.
Prioridade	Curto prazo.
Justificativa da prioridade	O risco médio não justificaria uma prioridade mais alta, mas a área de TI julgou que a rotina pode ser feita com pouco esforço.
Status	Em andamento.
Causa de bloqueio	
Sprint	2
Data de fim	
Responsabilidade	Executor – Gerente de Desenvolvimento de Software Aprovador – Diretor de Marketing

3.6. Ciclos de melhoria

Você, leitor, deve recordar que dissemos que o programa começa com uma ação de Reconhecimento, que serve para entender a organização, seu contexto, suas capacidades e dificuldades. O principal produto dessa ação é o *Backlog* inicial do Programa de Privacidade com os requisitos e ações que identificamos como candidatas à execução. No topo do *Backlog* estão as ações de mais alta prioridade.

Uma vez que temos o *Backlog* Inicial do Programa de Privacidade, podemos executar a primeira *Sprint* de implantação. Como dissemos, na primeira *Sprint* começamos do zero, mas as seguintes usam o que foi aprendido e construído nas anteriores.

Uma *Sprint* é, de forma muito simples, um período definido de tempo em que todo o trabalho de criação ou alteração do Sistema de Privacidade é feito. Antes de começar uma *Sprint* é necessário tomar uma série de decisões. Por exemplo: quanto tempo durará a *Sprint*, quais os recursos envolvidos e quanto trabalho será entregue. Ao contrário de técnicas tradicionais, essas respostas são negociadas. Por exemplo, pode-se ter uma ideia inicial do tamanho da *Sprint* e do que seria entregue. No entanto, esses fatores podem ser alterados devido à carga de trabalho disponível. Nossa recomendação é que essas adaptações sejam feitas sempre que necessário.

A organização deve escolher qual o tamanho de *Sprint* que se adequa ao ritmo que deseja impingir ao programa. Esse tamanho varia de três a seis semanas. *Sprints* menores dão dinamismo e energia ao programa, mas podem limitar o tamanho das ações ou criar um peso excessivo para a empresa. *Sprints* maiores tendem a ser mais leves, mas geram resultados mais vagarosamente e podem causar perda de foco.

Uma estratégia que funciona bem é definir um tamanho padrão de *Sprint*, digamos três semanas, e a cada início de ciclo de melhoria definir se esse tamanho padrão será adequado para os objetivos da organização para aquela *Sprint* ou não.

O tamanho padrão também ajuda a criar um cronograma de *Sprints*. Privacidade Ágil entende que planejar em detalhes eventos em um futuro que está permanentemente sendo afetado pelas ações da empresa e por seu ambiente não é a melhor forma de agir. No entanto, uma fiscalização pode questionar os planos da organização para além da *Sprint* que está sendo executada. Para isso serve o **cronograma de *Sprints***. Basicamente, o cronograma define quando devem ser executadas um certo número de *Sprints* no futuro. Esse número deve ser suficiente para cobrir as ações de curto prazo e um número razoável, se não todas, das ações de médio prazo.

A Figura 3.11 mostra um cronograma de *Sprints* no formato de um gráfico de Gantt. Esse formato não é necessário, mas ajuda a visualizar as *Sprints*. O gráfico mostra o planejamento do programa pelos próximos nove meses. A organização escolheu fazer duas *Sprints* em rápida sucessão e depois espaçar mais os esforços de melhoria.

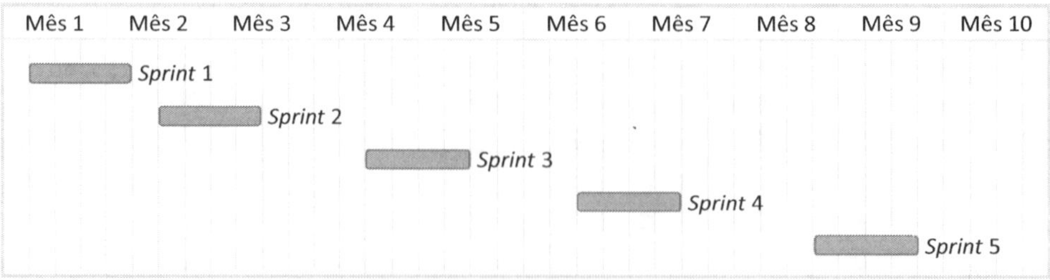

Figura 3.11 – Cronograma de *Sprints*

3.6.1 O Condutor de Privacidade

Os ciclos de melhoria devem ser conduzidos por um profissional experiente. Idealmente, o profissional deve ter as seguintes características:

- Conhecer privacidade e os requisitos básicos da legislação.
- Conhecer as características específicas do negócio e estar alinhado à visão definida com os tomadores de decisão da organização.
- Possuir experiência na liderança de projetos, conhecimento da filosofia ágil e excelente compreensão do *framework* de Privacidade Ágil.

Entre os três requisitos, o terceiro é o que tem mais importância prática. Mentores em privacidade podem fornecer, pelo menos nos primeiros ciclos, o conhecimento necessário nas práticas e na legislação. Na medida em que o profissional acompanhe vários ciclos e mantenha boa comunicação com a liderança da organização, ele, naturalmente, passará a conhecê-la cada vez mais. Mas já no primeiro ciclo o sucesso ou o fracasso da *Sprint* recairá sobre sua capacidade em liderança de projetos.

Se a empresa possuir um DPO interno, e definir que ele conduzirá o programa, sua escolha deve ter usado esse critério. Se ela usar uma consultoria externa, esta pode oferecer um profissional qualificado. Esse profissional, que equivale ao papel de *Scrum Master* na abordagem *Scrum*, nós chamamos de **Condutor de Privacidade**.

O Condutor de Privacidade tem os seguintes papéis e responsabilidades:

- Monitorar a evolução do trabalho na *Sprint*.
- Prover orientação sobre privacidade e a abordagem Privacidade Ágil.
- Remover bloqueios que impeçam a execução de alguma atividade.
- Resolver conflitos.
- Estimular a equipe.

A partir de agora vamos assumir que as atividades de Pré-*Game* e *Game* contam com um profissional com essas características.

3.6.2 Pré-*Game* – o planejamento de *Sprints*

Existem várias maneiras de organizar as atividades de Pré-*Game*. Em qualquer caso, ao fim do Pré-*Game* deverão estar definidos:

- Duração da *Sprint* – data de início e término –, definindo o número de dias de trabalho.
- Ações que serão atendidas na *Sprint*.
- Quebra das ações em tarefas com definição de esforço e responsável.

Há várias abordagens de como chegar a essas definições. É possível marcar uma reunião em que esses pontos são todos definidos do zero. No entanto, esta pode não ser a melhor abordagem. Lembre-se de que é fundamental a participação da liderança da organização na priorização dos esforços de melhoria. É improvável que sócios e diretores se disponham a participar de reuniões de quebra de tarefas. Por isso, a abordagem a seguir pode ser mais adequada. O primeiro passo pode ser feito como parte da fase de Avaliação do Programa e os dois últimos podem ser feitos separadamente:

- Definir no *Backlog* do Programa ações candidatas para entrar no *Backlog* da *Sprint*. Isso quer dizer que o cronograma de *Sprints* tem a definição de quais ações provavelmente entrarão em qual *Sprint*. Lembre-se de que o responsável geral pela ação já deve estar definido na BIOT.
- Solicitar aos responsáveis pelas ações que quebrem as ações candidatas em tarefas com definição de horas de esforço e provável responsável pela tarefa, que pode ou não ser a mesma pessoa responsável pela ação.
- Agendar reunião de Pré-*Game* que faça ajustes mútuos no tamanho da *Sprint*, nas ações selecionadas, nas estimativas de esforço e na quebra de tarefas, incluindo os responsáveis.

Sejam quais forem os detalhes da abordagem escolhida, teremos uma lista de tarefas com esforço previsto e responsável. É importante que a reunião de Pré-*Game* seja motivadora. Se metas não realistas forem estabelecidas, isso pode prejudicar a performance da equipe. Mas é fundamental deixar claro que os responsáveis pelas tarefas estão estabelecendo um compromisso com os prazos acordados e que a liderança da organização estará acompanhando a evolução. Se um responsável estiver, por exemplo, sobrecarregado de trabalho, é frequentemente melhor excluir sua ação da *Sprint* e substituí-la por outra que tenha outro responsável. Outra possibilidade é estender o tamanho da *Sprint*. No entanto, uma vez assumido o compromisso, as tarefas devem ser entregues até a data final definida para a *Sprint*.

A quebra de tarefas será colocada em um quadro como o usado em *Scrum*. O uso desse quadro será explicado na fase de *Game*.

3.6.3 *Game*

No *Game* são feitas as ações que efetivamente criam ou melhoram o Sistema de Privacidade. No Pré-*Game* as ações do *Backlog* do Programa foram quebradas em tarefas menores que compõem o *Backlog* da *Sprint*. Todas as tarefas têm um responsável, mas, diferentemente do normal em um projeto *Scrum*, há a possibilidade de que várias pessoas participem da mesma tarefa. Isso acontece porque uma tarefa da *Sprint* de privacidade pode ser um seminário, um *workshop* ou mesmo uma reunião.

Durante o *Game* as tarefas serão acompanhadas em um quadro como o da Figura 3.12. No início, todas as tarefas estão na coluna 'Backlog'. À medida que os responsáveis começam a executar tarefas, elas passam para a coluna 'Fazendo'. Se ocorrer qualquer problema que impeça que a tarefa seja executada, ela deve ser passada para a coluna 'Bloqueado'. Isso sinaliza que algo deve ser feito para resolver o problema. Esse algo pode ser uma decisão gerencial rápida, mas também é possível que uma tarefa não planejada de resolução entre no quadro. Uma vez que o bloqueio é resolvido, ela volta para a coluna 'Fazendo'. Quando ela é terminada, vai para a coluna 'Pronto'. O jogo consiste em mover todas as tarefas para a coluna 'Pronto' antes do término da *Sprint*.

Figura 3.12 – Quadro da *Sprint*

Por mais que gostemos, em metodologias ágeis, de criar esse tipo de quadro com *post-its* colados em uma folha de papel pregada na parede, a verdade é que as características específicas das *Sprints* de privacidade necessitam o uso de uma ferramenta. A versão gratuita do Trello já pode ser suficiente. E existem excelentes ferramentas como o ClickUp, o Jira ou o Pipefy, para um pouco mais de sofisticação. A questão é que os diversos responsáveis pelas tarefas da *Sprint* podem estar em ambientes distintos ou mesmo pertencer a consultorias. Ter a habilidade de consultar e atualizar esses quadros a qualquer hora e local é essencial. É adequado que a liderança da organização tenha acesso a esse quadro e que a equipe saiba disso.

Cada responsável deve atualizar a quantidade de horas que sobram nas suas tarefas e movê-las no quadro. Caso eles se esqueçam de atualizar, não tem problema. Isso pode ser feito nas reuniões de acompanhamento. Seguindo a ideia de uma equipe distribuída, essas reuniões podem ser feitas de forma remota em ferramentas como Zoom, Google Meet ou Microsoft Teams. Na nossa experiência, e ao contrário do *Scrum*, não há necessidade dessas reuniões serem diárias. Dias alternados parece ser uma periodicidade que funciona. Mas é até mais importante que no *Scrum* que essas reuniões sejam rápidas. Tudo que queremos saber é: qual foi o trabalho feito, o que será feito em seguida e se há algum impedimento bloqueando uma atividade. Uma vez encontrado um bloqueio, ou outro problema, o Condutor de Privacidade pode pedir que os envolvidos com a questão fiquem um tempo um pouco maior ou marcar uma reunião específica. O condutor também deve mostrar ao time se o andamento está adequado ou se há risco de não cumprimento do prazo. Essa previsão pode ser feita via gráfico de *Burndown*, tal como mostrado na seção 2.4.8.

3.6.4 Projetos

Um programa é feito de processos e ações. No caso de um Programa de Privacidade, as ações, executadas em *Sprints* do Programa, implementam ou fazem melhorias em processos do Sistema de Privacidade. No entanto, algumas ações podem ser grandes demais para se encaixar nesse esquema. Essas ações podem tomar características de projetos. Esses projetos são considerados parte do Programa, mas são gerenciados separadamente.

Talvez a organização queira desenvolver um novo sistema, que seja criado segundo *Privacy by Design*, e que substitua um programa legado. Talvez ela deseje mover seu *datacenter* interno para a Amazon ou para a Azure. Talvez queira implementar uma inciativa ampla de gestão de processos e gestão de mudanças de forma a melhor lidar com privacidade. Essas grandes iniciativas não caberão em uma *Sprint*. Mesmo que seja possível dividi-las em várias *Sprints* de privacidade, isso dificilmente será adequado. Elas são projetos que podem levar meses para serem executados e cujas tarefas são gerenciadas de forma unificada. Se pelo menos um dos objetivos do projeto é ser uma ação que resolve um *gap* de privacidade, ele deve ser acompanhado pelo Programa de Privacidade.

Sempre que possível, esses projetos devem ser gerenciados usando metodologias ágeis. Em especial, *Scrum*, que é a metodologia que inspirou Privacidade Ágil, parece ser a escolha natural.

3.7. Avaliação

O Programa de Privacidade nunca tem fim. A organização pode atingir um ponto em que possui uma versão do Sistema de Privacidade que atende às suas necessidades. Isso significa que ela pode passar algum tempo sem novas *Sprints*. Mas é inevitável que elas retornarão.

Em primeiro lugar, a legislação tende a evoluir. Não só a ANPD emitirá portarias que podem alterar os requisitos sobre a organização, como outras legislações e órgãos reguladores pertinentes podem fazer o mesmo.

Em segundo lugar, como resultado de incidentes de privacidade, a organização pode necessitar de novas ações que a tornem menos vulnerável.

Em terceiro lugar, ela pode sofrer auditorias internas e externas que mostrem inadequações em seu Sistema de Privacidade e solicitem providências. Ou mesmo demandas da sociedade em geral que mostrem inadequações no sistema de privacidade.

Finalmente, como o negócio evolui, um sistema que era perfeitamente adequado pode parar de ser.

Assim, no topo da pirâmide do Sistema de Privacidade está a própria avaliação desse sistema. Mesmo se nada aparentemente aconteceu, a organização deve marcar um encontro periódico, com uma ata oficial, que documente que o sistema foi revisto. Mesmo a informação de que o *Backlog* do Programa de Privacidade está vazio tem que ser registrada. O mais provável, porém, é que existam pendências no *Backlog*. Independentemente de qualquer dessas situações citadas acontecer, quase inevitavelmente novos *gaps* e ações são introduzidos nele.

É na Avaliação que é decidido o cronograma de *Sprints* para os próximos períodos. Também é na Avaliação que é revista a priorização do *Backlog* do Programa e ações candidatas para entrar no *Backlog* das próximas *Sprints* são definidas. Logo após essas definições, cabe ao Condutor de Privacidade solicitar aos responsáveis pelas ações que quebrem as ações candidatas em tarefas com definição de horas de esforço e provável responsável. Como vimos, isso vai tornar o Pré-*Game* mais rápido e eficiente.

Essas tarefas podem ser feitas em uma única reunião ou exigir várias ações com públicos-alvo diferentes. Tudo depende do tamanho e da cultura da organização.

Não queremos dar a impressão de que a reavaliação do sistema de privacidade acontece em uma reunião que ocorre a cada tantos meses. As diversas fontes de necessidade de mudança geram evidências, seja uma nova portaria, um relatório sobre um incidente, um novo processo etc. Essas evidências devem ser analisadas pelo DPO ou por alguém competente para entender os *gaps*. Tais *gaps* devem ser registrados no BIOT e ações candidatas devem ser propostas. Essas coisas devem ser feitas tão próximas do evento que as originou quanto for possível.

O que ocorre periodicamente é a reavaliação formal do programa. Esta deve ser feita com as lideranças da organização. Essa avaliação é predominantemente estratégica. As decisões são a avaliação de prioridades no *Backlog* e o planejamento de investimento no cronograma de *Sprints*. Note que uma boa quantidade de informação deve estar pronta e organizada para os tomadores de decisão antes da avaliação formal.

3.8. Adaptação do método

A exposição da abordagem de Privacidade Ágil neste capítulo tentou ser a mais abrangente possível. Começamos pelo Reconhecimento. Falamos da importância de entender a organização e seu ecossistema para ajustar o *framework* às suas necessidades. Explicamos como é importante gerar um sentimento de urgência para o sucesso do Programa e como as cerimônias de início podem ajudar no sucesso de todo o empreendimento. Entramos em algum detalhe sobre o que deve ser levantado nesta fase, como lidar com *gaps* e priorização e como gerar a primeira versão do *Backlog* do Programa.

Antes de entrar nos ciclos de melhoria, fizemos uma pausa para explicar os componentes do Sistema de Privacidade que o programa deve criar e manter atualizado. Começamos com a base da pirâmide, na governança da organização e na segurança de TI. Em seguida, descrevemos os artefatos para Governança de Privacidade, Gestão de Mudanças, Tratamento de Dados Pessoais, Atendimento ao Titular e Artefatos para Gestão de Incidentes de Privacidade. Demos uma atenção especial à Base de Informações de Operações de Tratamento (BIOT).

Finalmente, abordamos os ciclos de melhoria explicando o papel do Condutor de Privacidade na liderança das *Sprints*, o planejamento das *Sprints* durante o Pré-*Game* e sua execução no *Game*. Também abordamos quando usar projetos separados em vez de *Sprints* de privacidade. Terminamos com orientações sobre como fazer a avaliação do programa e recomeçar o ciclo.

Nossa meta nessas orientações foi prover a boa parte das organizações uma abordagem que elas pudessem usar tal como a descrevemos. No entanto, organizações têm infinita diversidade. É normal que surja a necessidade de alterar a abordagem. Para que você, leitor, se sinta à vontade de fazer essas alterações, dedicamos este epílogo a algumas possibilidades que já identificamos como necessidades no mercado.

Uma primeira adaptação já é sugerida na seção 3.2.1. Em nossa abordagem padrão, medimos o risco usando a diferença entre maturidade e importância. Essa é uma abordagem muito mais fácil e intuitiva para a análise de *gaps*. No entanto, existem organizações que já possuem uma cultura de gestão de riscos em que a exposição é medida de forma tradicional, em termos de probabilidade e impacto. É perfeitamente correto usar essa abordagem nos riscos de privacidade se a organização já tem essa cultura.

Outra adaptação é o uso de questionários com *workflow* em vez de entrevistas. Neste caso, os responsáveis pelos processos recebem formulários para que eles mesmos avaliem as questões de privacidade. Em nossa abordagem padrão, durante as entrevistas o gestor tira suas dúvidas e o consultor o ajuda a fazer a avaliação. A abordagem por formulários, no entanto, é embutida em alguns softwares famosos. Se a organização adquiriu um desses softwares, é natural que ela utilize a ferramenta como ela foi concebida. Além disso, em organizações maiores, geograficamente dispersas ou até multinacionais, a abordagem por formulários pode ser a mais prática.

Ainda outra adaptação comum diz respeito à técnica conhecida como *Data Discovery*. Ela usa procedimentos e ferramentas para buscar, na rede e nos sistemas de TI, dados pessoais e seus metadados. Nossa abordagem padrão é centrada nos processos de negócio. Tentamos descobrir se um processo usa um sistema ou uma planilha. Se tudo funcionar, acabamos por identificar todos os ativos da organização que armazenam dados pessoais. No entanto, falhas podem ser cometidas. O *Data Discovery* provê uma dupla checagem. Ele pode descobrir um ativo contendo dados pessoais que, por erro no levantamento, não apareceu em nenhum processo. Normalmente o *Data Discovery* exige investimentos e ferramentas adicionais. Se a organização achar que vale a pena esse investimento, ela pode incorporar a técnica em adição ao levantamento dos processos. Em nossa experiência, isso vale a pena em empresas maiores, onde ninguém tem conhecimento total da infraestrutura de TI.

Por fim, temos a gestão de fornecedores. Em nosso modelo padrão, problemas como a falta de conhecimento das políticas de privacidade e segurança do fornecedor, ou dificuldade em fiscalizar essas práticas, aparecem como *gaps* nos contratos e processos que usam esse fornecedor. Em muitos casos, as organizações utilizam fornecedores que são muito maiores que elas. De forma extrema, o relacionamento pode se dar via contrato de adesão e a empresa pode não conseguir nem resposta do fornecedor, quanto mais enviar uma auditoria. Novamente, o tamanho da organização faz diferença. Organizações maiores podem ter uma política específica de gestão de fornecedores em seu Sistema de Privacidade, definindo normas e procedimentos para garantir sua adequação. Existem ferramentas no mercado que fazem essa intermediação por um preço, enviando solicitações para fornecedores, mesmo os gigantes da indústria, e garantindo a resposta. Se a organização avaliar que esse tipo de investimento vale a pena pela sua capacidade de redução de riscos, basta apenas incluir essas questões no *Backlog* do Programa de Privacidade.

Como dissemos, estes são apenas exemplos de como a abordagem pode ser customizada. É nossa crença que ela é flexível o suficiente para atender a uma ampla gama de organizações. Esperamos que ela possa ajudar você.

Bibliografia

[1] WARREN, S.; BRANDEIS, L. The right to privacy [the implicit made explicit]. *In*: **Philosophical Dimensions of Privacy:** An Anthology. Cambridge: Cambridge University Press, 1984 [1890], p. 75-103.

[2] AUTORIDADE NACIONAL DE PROTEÇÃO DE DADOS. **Guia Orientativo para Definições dos Agentes de Tratamento de Dados Pessoais e do Encarregado.** Brasília: ANPD, maio 2021. Disponível em: <https://www.gov.br/anpd/pt-br/assuntos/noticias/inclusao-de-arquivos-para-link-nas-noticias/2021-05-27-guia-agentes-de-tratamento_final.pdf>. Acesso em: 30 set. 2021.

[3] OLIVEIRA, R.; COTS, M. **O legítimo interesse e a LGPD.** São Paulo: Revista dos Tribunais, 2020.

[4] BRASIL. **Lei nº 13.709, de 14 de agosto de 2018.** Dispõe sobre a proteção de dados pessoais e altera a Lei nº 12.965, de 23 de abril de 2014 (Marco Civil da Internet). Disponível em: <http://www.planalto.gov.br/ccivil_03/_ato2015-2018/2018/Lei/L13709.htm>. Acesso em: 30 set. 2021.

[5] SCHWABER, K.; SUTHERLAND, J. **The Scrum Guide:** The Definitive Guide to Scrum: The Rules of The Game. Nov. 2020. Disponível em: <https://scrumguides.org/docs/scrumguide/v2020/2020-Scrum-Guide-US.pdf>. Acesso em: 30 set. 2021.

[6] RIES, E. **The startup way:** how modern companies use entrepreneurial management to transform culture and drive long-term growth. New York: Currency, 2017.

[7] ANDERSON, D. J. **Kanban:** successful evolutionary change in your technology business. Sequim, Washington: Blue Hole Press, 2010.

[8] FINOCCHIO Júnior, J. **Project Model Canvas:** Gerenciamento de Projetos Sem Burocracia. Rio de Janeiro: Elsevier, 2013.

[9] ISO GUIDE 73. ISO guide 73: 2009 Risk management – vocabulary. Switzerland: The International Organization for Standardization, 2009.

[10] KOTTER, J. P. **Leading change.** Boston, Mass: Harvard Business School Press, 1996.

[11] CAVOUKIAN, A. **Privacy by Design:** The 7 Foundational Principles. Jan. 2011. Disponível em: <https://www.ipc.on.ca/wp-content/uploads/resources/7foundationalprinciples.pdf>. Acesso em: 30 set. 2021.

[12] HOEPMAN, J.-H. Privacy Design Strategies. ICT Systems Security and Privacy Protection SEC 2014. **IFIP Advances in Information and Communication Technology**, vol. 428, Berlin, Springer, 2014, p. 446-459.

[13] SCHOEMAN, F. D. Privacy: philosophical dimensions of the literature. *In*: **Philosophical Dimensions of Privacy:** An Anthology. Cambridge, Cambridge University Press, 1984 [1890], p. 1-33.

+ de 200 Títulos
BRASPORT
e-Book
50% mais barato que o livro impresso.
Confira nosso catálogo!
À venda nos sites das melhores livrarias.